再见股票大作手

周乔桑 著

地震出版社
Seismological Press

图书在版编目（CIP）数据

再见股票大作手/周乔桑著. — 北京：地震出版社，2019.5

ISBN 978-7-5028-4988-7

Ⅰ.①再… Ⅱ.①周… Ⅲ.①杰西·利弗莫尔-生平事迹 ②股票交易-基本知识 Ⅳ.①K837.125.34②F830.91

中国版本图书馆 CIP 数据核字（2018）第 251170 号

地震版　XM4199

再见股票大作手

周乔桑　著
责任编辑：薛广盈　吴桂洪
责任校对：凌　樱

出版发行：地震出版社
北京市海淀区民族大学南路 9 号　　　邮编：100081
发行部：68423031　68467993　　　传真：88421706
门市部：68467991　　　　　　　　　传真：68467991
总编室：68462709　68423029
证券图书事业部：68426052　68470332　传真：68455221
http://seismologicalpress.com
E-mail: zqbj68426052@163.com

经销：全国各地新华书店
印刷：廊坊市华北石油华星印务有限公司

版（印）次：2019 年 5 月第一版　2019 年 5 月第一次印刷
开本：787×1092　1/16
字数：160 千字
印张：8.25
书号：ISBN 978-7-5028-4988-7/F（5693）
定价：35.00 元

版权所有　翻印必究

（图书出现印装问题，本社负责调换）

序

对于中国投资者来说，《股票大作手回忆录》和《股票大作手操盘术》这两本书再熟悉不过，其主题都是围绕着一个人的名字——杰西·利弗莫尔。

多年前，我刚开始接触交易的时候，第一批购买的关于交易书籍中就包括了《股票大作手回忆录》和《股票大作手操盘术》。

但说来惭愧，由于当时自己是一个刚入门的"愣头青"，随手翻了一下这两本书，感觉晦涩难懂，就把它们丢弃在了一个角落，寻找自己心中向往的"交易秘籍"去了。

多年以后，待我在市场中遍体鳞伤，感觉迷茫之际，我无意中又再次翻开了早已布满灰尘的《股票大作手回忆录》和《股票大作手操盘术》。

这一次却再也没有放下。

我觉得自己就像一只苍蝇，在外面自以为是地嗡嗡地飞了一大圈，才发现又飞回到了原点。"众里寻他千百度，蓦然回首，那人却在，灯火阑珊处。"

自己苦苦追求的"交易秘籍"，原来一直就在身边。

在华尔街的投机史上，杰西·利弗莫尔是一个难以逾越的传奇，是无数成功交易者的"导师"，似乎每一个成功交易者都能从关于他的书中看到自己的影子。

《股票大作手回忆录》和《股票大作手操盘术》国内翻译有很多不错的版本，前者由当时著名的记者兼作家爱德温·李费佛所著，后者是由杰西·利弗莫尔本人所著。但国外的著作始终是国外的。在中国人读来，哪怕翻译得再好，也感觉隔着一些什么，因此让很多投资者难解其中的深意，甚至望而却步。

我当初也是深有此感。

基于这一点，我整理了自己数年与此两本著作有关的笔记和四处收集来的资料，并用中国人熟悉的表达方式和思维模式，再加上自己一些粗浅的拙见，便有了如今呈现在各位读者面前的这本书。

当然，萤烛之光岂能与日月争辉，这本书自然不能和原著相提并论。我的初衷只是希望有更多的人能通过阅读本书，更通俗易懂地了解杰西·利弗莫尔的一生，更直观形象地了解他使用的操盘技术，并能从中受益，仅此而已。

杰西·利弗莫尔是一个曾经在这个世界上真真实实存在过的伟大作手。我相信，一个活生生的人是无法通过一本薄薄的书讲清楚的，这仅仅是一个开头。

作者：周乔桑
2018 年 8 月 1 日

目 录

上 篇 传奇的一生

第一节　乡下小子进城 ·· 2
第二节　初到华尔街 ·· 7
第三节　新一代"投机店" ··· 11
第四节　大地震 ··· 16
第五节　好心的提醒 ·· 19
第六节　1907 大恐慌 ·· 21
第七节　棋逢敌手 ··· 26
第八节　成也棉花 ··· 30
第九节　败也棉花 ··· 33
第十节　巧遇"贵人" ·· 37
第十一节　最后的"子弹" ··· 40
第十二节　"泄密"事件 ··· 44
第十三节　私生活 ··· 47
第十四节　总统请"喝茶" ··· 51
第十五节　《股票大作手回忆录》 ··· 53

第十六节	新的办公室	57
第十七节	一亿美元	59
第十八节	厄运不断	65
第十九节	谢　幕	69
第二十节	事出有因	72

下　篇　传世的经典

第一节	漫谈语录	81
第二节	何时进场	99
第三节	关键点	107
第四节	犯　错	112
第五节	大　赚	117
第六节	手　稿	121

上 篇
传奇的一生

"他是20世纪华尔街最大的神话，每一个投机者都难以越过的股市丰碑，每一代投机商或多或少都从他的生平中汲取需要的营养，他就是杰西·利弗莫尔。你可以假装没看见他，你可以不喜欢他，但你不能略过他。"

——彼得·林奇

第一节
乡下小子进城

1877年7月26日,杰西·利弗莫尔出生在美国麻省的一个小镇上。这年,中国是清朝光绪三年,金融市场离我们遥不可及。杰西·利弗莫尔的父母都是种地的农民,家里穷困潦倒。杰西·利弗莫尔虽然在学校成绩十分优秀,特别是在数学方面很有天赋,但当他书读到13岁的时候,由于家里交不起学费而辍学了。

辍学后的杰西·利弗莫尔被父亲安排在家干农活。

读过不少闲书的杰西·利弗莫尔,胸怀大志,不甘平庸,主要可能还是因为从小身体瘦弱吃不了务农的苦。于是,在他14岁的时候,悄悄地让母亲给了自己5美元,然后离家出走,进城打工了。

当时美国社会还没有"禁止使用童工"的法律。杰西·利弗莫尔来到麻省的省会城市波士顿,很快在一个股票交易所的营业部找到一份工作,周薪5美元。

杰西·利弗莫尔的工作是行情书写员,就是在交易厅的黑板上抄写行情数据。那个时候没有电脑,黑板行情就等于是现在股票软件的行情界面,虽然十分简陋,但黑底色的风格一直保留至今。

那时大家靠一部类似电报机的行情报价机获取最新的市场价格。报价机会把市场的价格变化用长长的纸条打印出来,然后负责接收纸条的人就大声把价格念出来,杰西·利弗莫尔的工作就是要把价格以最快的速度写在黑板上。这有点像现在股票软件上的"买卖盘口",不过当时是"手写盘口"而已。当然,黑板上应该只书写一档行情,股票种类也不太多。但股票交易当时在美国已经非常盛行了,杰西·利弗莫尔和他的同事们每天都要重复书写几百次,工作强度非常大。

上 篇
第一节 乡下小子进城

图片资料：美国明尼苏达州明尼阿波利斯粮食交易所内交易的情景，拍摄于1939年。图片上方是几个正在工作的行情书写员。

图片资料：两种外形不同行情报价机实物照片。左边那种大概是"高配版"，而右边那种是"普通版"。

  作为每日重复的体力劳动者，一向对数字比较敏感的杰西·利弗莫尔，在这种高强度的价格书写工作中，慢慢开始在股价的波动里，察觉到一些规律，以至于下班后他经常还要研究当天的各只股票的行情。

  大发明家托马斯·爱迪生至理名言："天才就是1%的天分加上99%的汗水；但是那1%的天分是最重要的，甚至比那99%的汗水都重要。"我们的传统教育却特意删去了后半句。虽然有一定社会阅历的人心里都有数，天赋在各个行业才是最顶尖竞争力的存在。

  但我们做事往往习惯于不强调天赋，而强调努力，不仅是因为天赋会伤及大多数普通人的自尊心，还因为以大多数人努力程度，还远远达不到比天赋的地步。

  当时一个营业部有很多同样是做行情书写的人员，但只有杰西·

利弗莫尔在劳累重复的工作之余，还认真探究股价变化的数字规律。这不仅是因为杰西·利弗莫尔作为一个贫穷的打工者，当时的生活无聊至极，靠此打发时间。更多的是因为他做事的努力程度和对投机事业萌生出的兴趣。别的同事下班就赶紧逃离这份机械死板的工作，他却能耐心琢磨并从中找到乐趣。

所以，从另一个方面来说，努力的根源是兴趣，兴趣才是最好的老师。找到自己感兴趣的事是人生中很重要的一部分。

兴趣不分贵贱，哪怕一名普通的掏粪工，只要他对此有兴趣，不断研究与掏粪有关的技术，也可能在掏粪行业成为一名不可多得的技术型人才，时间久了，待遇也会比普通掏粪工好很多。

有了兴趣就有了专研的动力，再加上一些天赋，想不成功都难。在一个行业中，最怕杰西·利弗莫尔这种比自己有天赋还比自己努力的人！

杰西·利弗莫尔随身带着一个小本本，记录股票价格和他的一些心得，平时顺便也做一些"模拟交易"。他发现股市中很多人买卖无规则可言，大多数人都在赔钱，还没他自己做的好。他在研究股票6个月之后，有一个小伙伴找到他，让杰西·利弗莫尔和他合伙到投机店买某只股票，因为他有内幕消息，这只股票肯定涨。

先解释一下什么是投机店。

投机店简单来说就是"山寨版"的股票交易所。到那里可以一样买卖股票，门槛比较低，但手续费比较高，一般只需要交10%的保证金就可以开始交易，就是10倍杠杆交易（最大可以选择400倍杠杆）。比如，一只股票市场价10美元一股，到投机店里1美元就可以做一股，多空均可做。但只要市场一个反向小波动，达到10%，你的1美元就玩完了，会被投机店强行平仓出局。当然，如果行情发展顺利，按照你做的方向进展了10%，你也一样赚1美元。看上去只有10%的市场价格波动，但你的本金却翻倍了，因为有10倍的杠杆加持。反正就是亏也亏得惨，赚也赚得爽的交易模式。

从交易者成长的角度来看，有杠杆的交易比没有杠杆（如A股）的交易耳光扇得更重，更容易让交易者长记性。也能让交易者在较短时间内养成交易的好习惯，不敢肆意妄为。所以，在很早之前，很多专业机构对新手交易员的训练,都是从杠杆市场开始的。同样的,杠杆交易对于杰西·利弗莫尔个人的快速成长也是功不可没。

虽然在国际市场中,杠杆的保证金交易制度很普遍,但投机店与正规交易所还是有很大区别的,它不像正规的股票交易所那样把交易者的钱真正放进市场进行买卖,它往往采取和交易者对赌的方式。你赢了,店里用自己的钱赔给你;你输了,你的钱就归店里。大家都知道,这种高杠杆交易对普通交易者来说,一直就是输多赢少的游戏,只要市场一点反向波动,就很容易被投机店强行平仓。而且投机店的阴招也有很多,比如来交易的人碰巧都在某只股票下的注很大的话,他们还可以利用手上的资金优势,通过把钱投入到真正的市场中,短暂地控制一下市场价格的波动,让这只股票的价格打到大家资金亏损平仓的位置,使交易者纷纷赔钱出局。而这些人赔的钱也就进入了投机店老板的口袋。之后投机店老板再把真正市场中的投入资金,找个机会快速地清仓出来,亏损并不会很大。所以,开这种投机店属于暴利行业,和开赌场的有一拼,都是靠着相对稳定的概率控制赢面,还有一些下三烂的手段。因此,除了很少遇到的极端牛市或者熊市行情,大家会一致看多或者看空的情况,投机店的胜率一般都在九成以上。

图片资料:20世纪初美国一家投机店内的情景,交易柜台前聚着很多正在看行情纸带的人。

其实,世界各地现在依然还有这样类似违法的地下对赌交易场所存在。在当时,投机店虽然也属于违法,但在利益的驱使下,波士顿当地政府睁一只眼闭一只眼，这些店的幕后老板也都是一些黑社会大人物。

杰西·利弗莫尔一听到小伙伴有内幕消息，并没有马上屁颠屁颠和他去投机店，而是抱有谨慎的态度。因为他天天在营业部看了太多所谓有内幕消息的人来交易，结果都在赔钱。杰西·利弗莫尔拿出自己的小本本，这只股票正好根据他自己的记录判断，确实有上涨的迹象，他的小伙伴也算是瞎猫碰见了死耗子。于是，杰西·利弗莫尔和这个小伙伴每人拿出5美元，去投机店买了这只股票，两天后他们平仓出来，每人赚了3美元。虽然钱不多，但收益达到了60%，当然这也是高杠杆交易的功劳。

杰西·利弗莫尔圆满完成了他人生中第一次真正的交易。

尝到甜头的杰西·利弗莫尔，很快辞去了那个钱少还累的行情书写员的工作，全心全意在投机店交易。他不到15岁就靠在投机店中交易，赚到了1000多美元。那时候的1000美元和现在的1000美元不可同日而语。当时美国虽然是很富有的国家，但每年人均收入大概是300美元左右。所以，当杰西·利弗莫尔带着1000多美元回到老家乡下的时候，他老实本分的农民父亲根本不敢相信，还以为杰西·利弗莫尔去大城市里做了什么违法乱纪的事情，跑回老家来避风头。

杰西·利弗莫尔留了一半的钱给自己的母亲。他的母亲万万没有想到，当初自己悄悄给儿子的5美元在一年之后竟然翻了100倍还到了自己手中，大概她也能算是一个投资界的传奇女性吧。

之后，杰西·利弗莫尔带着剩下的几百美金再次踏上了去往省会城市波士顿的路。

第二节
初到华尔街

　　杰西·利弗莫尔回到波士顿，继续在投机店靠着交易维生。他做交易一向独来独往，从来不与人合作，所以，他的交易技巧当时也一直不为人知。

　　时间长了，波士顿的各个投机店开始陆续"封杀"他。毕竟，投机店的老板不是猪，等着别人来宰。投机店赚的是那种不太会交易人的钱，对于他这样的高手，投机店是不会让他来断自己财路的。

　　杰西·利弗莫尔被"封杀"后，也想过一些小招数，比如用假名或者乔装打扮，但不久就会被识破。

　　有些规模比较大的投机店，倒不会阻止他做交易，因为那样会影响自己的声誉。做他们这一行，声誉很重要。开门做生意，来的都是客，心里再苦都要打肿脸充胖子。但他们私底下会给杰西·利弗莫尔设置很多交易的障碍，比如非常高的手续费等。虽然难度增加了，但杰西·利弗莫尔依然可以继续赚到钱。

　　反正，杰西·利弗莫尔在回到波士顿这几年，最多时赚到过10000美金。但他也不是什么时候都赢钱，也有控制不了情绪和没有遵守自己制定的交易规则的时候。别忘记，他那时只是一个十多岁的孩子，现在大多数孩子在他这个年纪完全都是懵的，可能还在为了父母不给他钱买想要的东西而撒泼赌气呢。

　　在杰西·利弗莫尔20岁离开波士顿去往纽约的时候，他身上还剩下2500美元，之前有几次操作让他损失有些惨重。

　　但杰西·利弗莫尔有个好习惯，他输了钱就认，并且从中吸取教训，他从来不会迁怒于市场。小小年纪的他就清醒地认识到，和市场置气是没有用的，要从自身寻找原因。

　　这一点说起来简单，可是我们有很多投资者，亏钱了就总是怪市场不好，市场不对，市场伤透了他们的心，像一个矫情的小媳妇。当初又不是市场把刀架在他们脖子上，让他们来交易的。投资者几乎把市场当成了一个大活人，发泄不满，爱恨难断。可现实是，市场连你是谁都不知道。

　　如果我们走路不小心被桌子撞了，难道我们要去和桌子争论或者打桌子一顿吗？

　　在心理学上，倒是有一种现象叫"泛灵论"。就是某人会把身边一切事物都看作是有生命的。电视机有图像——有生命、电扇会转——有生命、汽车会跑——有生命，甚至马桶能哗啦啦冲水也是有生命的。但"泛灵论"一般只存在于8岁以下的儿童思维中。

　　难道很多投资者心智还停留在8岁之前吗？

　　20岁的杰西·利弗莫尔带着自己的2500美元，来到了鼎鼎有名的华尔街纽约交易所，计划从一名"杂牌军"转型成"正规军"。

　　可是，在正规的交易所做交易，他似乎水土不服，短短六个月就亏了个精光，还欠了经纪公司的钱。这期间，他倒是自己给经纪公司提供了不少交易的手续费。

　　聪明的朋友可以看出，这个时候的杰西·利弗莫尔，他的交易手法是在投机店中养成的重仓短线交易。这也不完全怪他，投机店花招太多，使他不敢持仓太久，赚到一些利润就赶紧落袋为安。但他做短线技术确实很高超，完全知道自己什么时候该在场外耐心等待，知道什么时候该果断进场，什么时候该赶紧出场。

　　可是，他做正规交易的时候，遇到了在投机店中没有遇到过的麻烦。正规交易是必须把资金真正放进市场的，那就需要一个成交的过程，决定交易时看到的价格和成交后的价格经常会有出入。比如，一只股票此时报价是3.2元，但当他把交易单打到市场中，再成交的时候，报价可能已经变成了3.4元。如果他是做多，那就有了0.2元的差价。杰西·利弗莫尔短线的思维本来就是赚取一些小的差价，所以这让他十分不适应。

　　顺带提一下，虽然现在是网络时代，交易有差价的情况虽然不至

上篇
第二节 初到华尔街

图片资料：纽约华尔街，当今的世界金融中。照片拍摄于1910年。

于那个时候这么夸张，但还是存在。毕竟，你的网络传输到交易所的服务器也是有一些延迟的。当然，也可以花大价钱通过改善硬件设施，降低延迟。但是，就算有再快的网速，也很难避免有一种叫"滑点"的情况发生，外汇或者期货等市场居多。"滑点"简单来说就是由于价格行情走势过于激烈而无法成交的情况。特别是对于预先想在某个价位平仓出局的人来说，会造成预料之外的损失。比如，你做多一只股票，明明在软件上提前设置跌到100元的时候出场，但由于突然之间行情跌幅过于凶猛，可能会瞬间跌到98元稍微停顿的时候，你的交易单才能成交，对于资金大的交易者，这一"滑点"就会白白损失很多钱。

对于当时的投机店，完全不会有这样的问题发生。投机店不做真正的交易，属于模拟交易的性质，此刻市场报价是多少，你嗓子一吼，瞬间就能成交，出场时也一样。不像在正规股票交易所，你嗓子喊哑了也没有用。所以，技艺高超的杰西·利弗莫尔之前在"模拟交易"的投机店中做短线，简直是如鱼得水。

亏光的杰西·利弗莫尔找经纪公司的老板借了500美元，准备重操老本行，到投机店去翻本。但纽约不愧是国际金融大都市，当时就对投机店这种违法小作坊打击很严。杰西·利弗莫尔在纽约找不到投机店，他就跑到周边地区的一些投机店中交易。他虽然很快就赚到了2500美元，偿还了500美元的债务，但没多久就被那些投机店老板赶了出来，不让他影响自己做生意。

最后，杰西·利弗莫尔干脆跑到了圣路易斯，因为他听说那里有两家规模很大的投机店。

杰西·利弗莫尔在那两家大投机店大赚了一笔，当然中间也有一些曲折，比如，投机店想赖账未果；杰西·利弗莫尔让别人替他去投机店交易，给别人提成等等。

最后，杰西·利弗莫尔带着10000美金回到了纽约，他决心从此开始好好在华尔街做正规的交易，走上正途，再也不到投机店去投机倒把了。

就算他想去也不太可能了，因为他已经被全国各大投机店列入了"黑名单"，就差有赏通缉他了。他心里也清楚，如果自己再不收手，逼急了投机店幕后的大佬，自己不死也会残废。

第三节
新一代"投机店"

在1901年的一波大牛市中,杰西·利弗莫尔把手中的10000美元变成了50000美元。当时还未满24岁的杰西·利弗莫尔就拥有50000美元,也算是一个"爆发户"了。毕竟,在那个年代,很多家庭一辈子都没见过这么的钱。

当然,这并不是杰西·利弗莫尔在纽约交易所做正规交易进步飞快,而是因为当时是大牛市,他跟随了正确的方向,仅此而已。站在风口上,猪都能飞起来,何况是杰西·利弗莫尔。

图片资料:华尔街上的纽约证券交易所(New York Stock Exchange,NYSE)是美国乃至世界最大的证券交易所,照片拍摄于1921年。有意大利文艺复兴时代建筑气息的交易所大楼建造于1903年,是华尔街的标志之一。现今的纽约证券交易所和修建之初在样貌上没有太大区别。

杰西·利弗莫尔这个时候的操作在本质上没有太大改进，基本还停留在投机店的那些招数中。所以，1901年的5月9日，他还没有好好享受这50000美元带来的快乐，就在这一天之中，全部输光了。

生活的现实是残酷的，交易的现实更加残酷。

杰西·利弗莫尔这次输光50000美元和第一次输光那10000美元的情况差不多。本来计划是想在牛市中，做空一小段下跌的小行情，也就是吃一个小的短线差价。当天市场确实下跌了，但交易单发到市场，需要时间，加上当时是牛市，大家交易空前热情，交易单更是需要排队才能成交。当他做空的单子成交之后，价位离他第一时间看到报价机上的价格相差甚远了，利润已经所剩无几。而且，当天下跌之后，市场竟以迅雷不及掩耳之势快速反弹拉升，杰西·利弗莫尔又急忙让他的经纪人把他的空单平仓，可是平仓依然也需要排队。所以，当他平仓出来，黄花菜都凉了，发现不仅自己的50000美元已经分文不剩，还倒欠了经纪公司的钱。

这里顺便提一句，虽然他是在正规交易所做交易，但交易依然是保证金制度，也是有杠杆的，这种模式在国际交易市场中司空见惯，只是在中国股市目前还没有普及。

话说回来，杰西·利弗莫尔虽然看对了当天这波下跌，他也做对了，但是又能怎么样呢？延迟的交易让他再次交了惨重的学费。在真实的市场中做交易和在投机店快进快出赌市场小波动完全不同，游戏规则就是如此。而且，在一个牛市中为了一点蝇头小利去短线做空，本身就是一件很有风险的事情，逆势操作早晚会受到市场的惩罚。当天与其说杰西·利弗莫尔是主动去平的仓，倒不如说他是被经纪公司强平出来的，因为他的保证金已经亏光了。

一夜回到解放前的杰西·利弗莫尔，回到了波士顿。他当时已经和一位叫蕾蒂·乔丹的女士结婚，可当他让这位妻子，把他之前给她买的昂贵珠宝拿去抵押，好让他有钱去投机店东山再起时，他的妻子拒绝了。

这也算是人之常情。杰西·利弗莫尔当时还太年轻，对于交易的理解只停留在投机店的小打小闹阶段，两次进入正规市场都被洗劫一空。他看上去还不像是一个伟大的交易者，更像是一个赌徒。他的妻

第三节 新一代"投机店"

子和他在一起,生活大起大落,完全没有安全感可言。有钱的时候奢侈挥霍,四处炫富,俨然一副土豪做派;没钱的时候竟然要翻箱倒柜,变卖家产,俨然一副败家子模样。

此事之后,这对年轻的夫妻相互之间有了隔阂,感情开始破裂。不久后,两人就分道扬镳了。

不过,杰西·利弗莫尔还是想办法筹到了一些钱,准备到投机店重新开始。他知道,自己只能靠这招才能翻身,其他的他什么都不会。自己如果去打小工或者摆地摊,到死了也不能存下什么钱。

前面说过,波士顿的投机店几乎都已经封杀了他,他只能让别人代他去交易,可是不久还是被发现了。这个时候的杰西·利弗莫尔感觉自己空有一身本事,却无处施展,苦闷不已。

所谓天无绝人之路,这时候世面上出现了一种新型投机店,我们可以把它看成"投机店2.0"。这种投机店宣称自己血统纯正,是正规的经纪公司开办的,在交易所有席位。其实,本质上换汤不换药,也是骗人的把戏。交易者来这里做的交易指令,依然不会发到交易所去。但这种"投机店2.0"的胃口更大,它有时甚至会把交易者的交易指令以相反的方式发到交易所,和交易者多空对赌。比如,某人在这个投机店做多某只股票,它就会向在正规市场发出做空这只股票的指令。赚钱依然是靠"绝大多数人赔钱"这条交易定律,"投机店2.0"和来交易的人反着做,往往胜率都很大。

"投机店2.0"初来乍到,不认识杰西·利弗莫尔。杰西·利弗莫尔很快成为了它们这里的VIP客户,通过协商,享有及时价格交易的特权,也就是不用理会市场下单的延迟,这点对杰西·利弗莫尔实在很重要。因为"投机店2.0"声称自己做的是正规交易,那市场价格有延迟就是很正常的事情,哪怕其实没有延迟也要假装帮交易者把钱投入市场过程中产生了延迟,做戏要做足。再说,他们时常还要在真实交易所和交易者反向对赌,延迟有时候也是真的。

早已看穿这一切的杰西·利弗莫尔才不会管这些,自己享有及时价格交易特权就行。他在"投机店2.0"的五家分店来回交易,时间长了也用各种假名。他盈利慢慢叠加,不到一年的时间,就累积了不少财富。离他重回华尔街交易的梦想又进了一步。

可是,"投机店 2.0"也不能一直让店里的钱往外送。他们和杰西·利弗莫尔做反向的交易,甚至给他的结账单上做手脚,使得结账单上价格与交易所的价格不符,有差价,好几次让杰西·利弗莫尔亏了不少钱。

杰西·利弗莫尔知道和这种本身就不正规的店打交道,就没指望过他们能光明正大,而且自己单枪匹马,更不能硬来。不过,杰西·利弗莫尔也不是吃素的,他也会伺机报复。

杰西·利弗莫尔最常用的招数就是:先找一只几乎没有什么人交易的死气沉沉的股票,然后给五家"投机店 2.0"分店都打电话,让他们都给自己在此时的这个没有什么波动的价位买入股票。比如,在 8 美元价位买入这只股票 100 股,那这五家投机店一共就是收到他做多 500 股的指令。当然,"投机店 2.0"偶尔也会起疑心问他为什么买这样的股票,他就说自己有内幕消息。然后,杰西·利弗莫尔又会打电话到正规经纪公司,让他们在真正的交易所给自己在这只股票上,挂一个比此时价位高几个价位的买单,比如挂一个 8.4 美元买进 100 股的买单。这种死气沉沉的股票的好处就是,没有什么对手盘,交易不活跃,里面的持有者们都心如死灰,突然看到有人要以高几个价位买股票,眼睛都在发亮,持有者们当然纷纷抛出自己手中的股票,成全这个"冤大头"。这个时候,这只股票在报价机上显示 8.4 美元的最新成交价。

"投机店 2.0"和普通投机店一样,不会把杰西·利弗莫尔的钱真的投入市场,他们都是以报价机上的最新报价为标准,甚至还可能和杰西·利弗莫尔对着干,发出指令到交易所做空这只股票。但是,在报价机报出 8.4 美元的最新价格的时候,杰西·利弗莫尔就会赶紧把"投机店 2.0"中自己的 500 股以此时最新价平仓,每股净赚 0.4 美元。而此次投机店之前如果和杰西·利弗莫尔对赌做空的话,自己还会亏损。之后,杰西·利弗莫尔再找一个合适的机会,把自己交易所的那真实交易的 100 股平仓,反正损失也不会太大。毕竟,大的头寸在投机店这边,交易所那边只有 100 股而已。

杰西·利弗莫尔多次用这种"以小博大"+"快进快出"的招数,报复"投机店 2.0"的不公行为。虽然他每注下的不会太大,但累计也让自己赚了不少钱。

直到有一次杰西·利弗莫尔用这招狠狠地赚了"投机店 2.0"一大笔之后,"投机店 2.0"的老板们才发现这件事情实在太蹊跷,有一种似曾相识的胸闷的感觉。以至于杰西·利弗莫尔来找他们的时候,他们拒绝为他结账,说他在搞鬼。但杰西·利弗莫尔对这种事情很有经验,当场就扯起嗓子大喊店家不给结账,没有信誉,是大骗子,欺负老实人等等,引来周围交易者的围观。虽然这招没有什么素质,但效果甚好。再说"投机店 2.0"并没有杰西·利弗莫尔搞鬼的证据,很怕背负赖账的骂名,赶紧给他支付了现金,让他滚蛋。

就这样,杰西·利弗莫尔在一年多的时间里,有了自己的车,还有了自己的办公室,重要的是存了一笔钱,他准备重返华尔街。因为他知道,在华尔街交易才能实现他人生的真正价值。前面两次的倾家荡产并不可怕,他还年轻,有能力重新来过。就像他自己所说:"在股市中唯一能学到东西的方法,就是用真金白银去交易,并且在每一次失败的交易中不断吸取教训。"

第四节
大地震

也许是因为这之后的四年时间，杰西·利弗莫尔在华尔街的交易乏善可陈，没什么值得记载。所以，时间转眼就来到了1906年春天，杰西·利弗莫尔28岁。

当时的杰西·利弗莫尔的资金并没有多大积累，大概是几万美元。不过这几年他没有再次破产，也算是他交易生涯的进步。毕竟，之前的两次破产的教训，让他慢慢开始习惯了在华尔街做正规的交易。

杰西·利弗莫尔当时和朋友在新泽西的海边度假，在市场中没有仓位。可是，度假也就那么回事，天天望着美丽大海也会打哈欠。耐不住寂寞的他，有一天就跑到当地交易所看看行情。此时美国的股市正处于一波稳定的上涨行情中，市场中做多的热情没有减退的意思。

但杰西·利弗莫尔当天也不知道哪根筋不对，看完报价后，就像被市场下了蛊一样，当场就分三次，每次1000股，做空了一只叫"联合太平洋铁路公司"的股票。这是明显的逆市交易，他朋友十分不解，以为他有什么可靠的内幕消息。可是杰西·利弗莫尔这次真就是跟着感觉走，他知道自己在逆市交易，并且也承认自己没有任何确切的理由这样干，但他有钱就是任性。他朋友在一旁也劝阻无效，以为他这些天去海中游泳，脑子进水了。

虽然当天收盘，杰西·利弗莫尔就亏损了6000美元。但这并没有动摇他的这个莫名的主意，甚至在第二天，他又像失心疯一样跑到交易所，继续追加做空了2000股这只股票。按照保证金制度，也就是杠杆交易制度，杰西·利弗莫尔做空的这5000股，可是他当时全部资金

上篇
第四节 大地震

的最大可开仓量,也就是我们常说的满仓交易。若行情继续大幅上涨,他的保证金一旦亏光,他就会被经纪公司强行平仓出局。

所以,杰西·利弗莫尔在这次跟着自己感觉交易,并且压了他几乎全部身家之后,再也无心度假了,赶紧起身回到了纽约。

就在杰西·利弗莫尔回到纽约的那天凌晨——1906年4月18日5点,美国旧金山发生7.8级地震,整个城市几乎被吞没,连著名的斯坦福大学也被夷为平地。40万人口中,约有22万至30万人无家可归,保守估计有上万人在此次地震中丧生。

图片资料:1906年旧金山大地震,发生于1906年4月18日清晨5点12分左右,里氏规模为7.8,震中位于接近旧金山的圣安德烈斯断层上。这场地震及随之而来的大火,对旧金山造成了严重的破坏,估计损失约4亿美元。照片为当时旧金山大地震之后的城市情景。

第二天报纸的头条都是:旧金山被地震摧毁!

市场在如此之大的利空消息之下,盘中只下探了几美元,收盘还创了新高。毕竟,想要突然改变一波大的上涨趋势,是没有这么容易的。

第二天,股市只有很少的下跌,但杰西·利弗莫尔申请了贷款,又做空了5000股。

第三天,市场再也绷不住了,杰西·利弗莫尔做空的联合太平洋铁路公司股价大跌,此役他从中获利25万美元。

虽然我们必须承认,运气也是实力的一部分。但这一次确实是杰西·利弗莫尔交易生涯中很诡异的经历。倘若这次旧金山没有发生地震,不知道今天大家还会不会知道世界上曾经有杰西·利弗莫尔这个人。

这次的经历令连杰西·利弗莫尔本人也非常后怕,甚至把它当成了一个"鬼故事"讲给后人听,并且奉劝大家千万不要效仿。确实,逆势+杠杆+满仓+借贷,绝对是交易大忌中的大忌!一旦做下去,就"不成功便成仁"了。这次也算是杰西·利弗莫尔命不该绝。

第五节 好心的提醒

因为旧金山地震而意外获利25万美金的杰西·利弗莫尔，似乎是得到了老天的眷顾，心情自然大好，去往萨拉托加，又开始了他的度假生活。

这次度假中，他时刻关注市场的变化，常常去当地交易所看行情，也一直跟踪着那只让他赚了25万美元的"联合太平洋铁路公司"股票价格的动向。毕竟，交易者总是偏爱那些让他赚过钱的股票，就像做生意的人喜欢大方的老主顾一样。

1906年的夏天，杰西·利弗莫尔观察到联合太平洋铁路公司的股价开始横盘震荡，有止跌的迹象。之后的几天，这只股票的价格开始上涨，当它涨到160美元的时候，杰西·利弗莫尔开始动手分多次买入做多。他每次买入500股，最后总共做多了5000股。

杰西·利弗莫尔下完这笔交易的单子之后，他的经纪人爱德·哈提打电话来，十分严肃地提醒他，这只股票之所以上涨，是因为背后有大户要大量抛出，就是我们俗称的"拉升出货"。让杰西·利弗莫尔不要中了别人的圈套。

爱德·哈提不仅是杰西·利弗莫尔的经纪人，也是算杰西·利弗莫尔的朋友。杰西·利弗莫尔对他十分敬重，此前他也多次帮助杰西·利弗莫尔摆脱困境。

站在经纪人的角度，爱德·哈提与这笔交易并没有什么利害关系，他还巴不得杰西·利弗莫尔多做交易，这样他可以收取更多的交易手续费。但他也是一个很负责的朋友，能在市场中得到一些市场外的人不知道的消息。这次他完全出于好心，不想让杰西·利弗莫尔蒙受巨大的损失，才火急火燎地打电话来提醒杰西·利弗莫尔。

杰西·利弗莫尔了解爱德·哈提，知道他的为人。杰西·利弗莫尔虽然相信自己的判断，但因为爱德·哈提的话，他内心产生了动摇。

他犹豫了几分钟，决定还是听从爱德·哈提的"内幕消息"，在162美元价位附近，主动把这多头的5000股平仓。接着，反手做空了4000股。除去手续费，当天杰西·利弗莫尔这笔交易基本上是不赚不赔。

第二天，联合太平洋铁路公司宣布分红10%，股价应声大涨，在当时成为了一只龙头股。杰西·利弗莫尔收到此利好交易后，果断下指令把自己的4000股空单平仓。虽然他在165美元价位就发出了平仓指令，但由于市场交易的延迟性，最终在173美元左右才把全部的股票平仓出局，他也最终损失了40000美元。

这次交易之后，杰西·利弗莫尔并没有责怪爱德·哈提，他们依旧友好往来。因为他知道爱德·哈提是好心想保护他。这次交易的失利原因，完全是他没有坚守自己独立思考的交易原则。

只是他没有想到报应来得如此之快。

在交易中，独立思考是非常重要的。无论给你消息的那个人是多么的权威和可信，都必须抱有怀疑的态度。因为这个世界上没有一个人可以代表市场。市场是特立独行的，他不会听从任何一个人的意见。在市场眼中，我们都如同蝼蚁，再了不起的"大腕"，也是轻轻一掰就断。

从另一个角度来看，杰西·利弗莫尔在交易中是一个很有担当的人，是一个"纯爷们"。他从来都是把交易亏损的责任往自己身上揽，然后从中反省。这一点也是他能成为一代伟大作手的重要原因。

纵观他传奇的一生，虽然他一直努力保持独立思考的交易原则，但在嘈杂的市场中，想要一直坚持己见，不受影响，比想象的难得多。杰西·利弗莫尔也是人，也有把持不住的时候。这次他听从别人给的消息做交易亏损资金，只算他此类教训中的"毛毛雨"，今后他还将会面对更大的挫败。

第六节
1907 大恐慌

在获取了旧金山地震的意外之财和经历了爱德·哈提"消息门"事件之后,杰西·利弗莫尔对交易也有了更深的领悟。他关注的重点开始从每日市场的波动转变成市场的大趋势,也就是说从短线交易思维朝中长线交易思维迈进。

因为杰西·利弗莫尔想通了一件事件,想要赚大钱,就必须做大趋势。像他以前那样小打小闹,只在意每天报价机上面打出来的数字,利润起起伏伏,此生是不可能赚到大钱的。要赚大钱眼光必须长远。并且,他之前只关心个股的走势,并不在意整个大势的情况,也就是我们常说的"抛开大盘做个股"。杰西·利弗莫尔认识到,这也是鼠目寸光的行为,俗话说:"覆巢之下安有完卵"。做个股必须结合考虑整体的市场当时的环境,如果大势在熊市之中,轻大势重个股,去做多一只股票,无疑是十分危险和愚蠢的操作。

这个时候的杰西·利弗莫尔开始初步形成了他的系统交易思维,为其今后创造更大的财富埋下了成功的种子。但是,交易不是有一些正确的思路就能马上成功的。他实践了他的这个新的交易思路,但把自己在旧金山地震中赚到的钱,又全部亏了出去。

1906年下半年,杰西·利弗莫尔感觉市场牛市已经走到了尽头,即将大跌。于是,他迫不及待地把自己所有的钱投入市场做空。确实,纵观历史,在1906年底到1907年,美国股市将迎来一波大熊市。但是,杰西·利弗莫尔进场做空之后,市场还没有开始真正的下跌,依然在震荡回调。大家别忘记,他的交易是有杠杆的,几次上涨的回调,使杰西·利弗莫尔的资金亏得所剩无几。就像他自己说的,"我看对了市场的方向,却破产了。"

在中国古典名著《西游记》中,有一句话叫"望山跑死马"。意思是看着自己想要到达的那座山就在前方,感觉很近的样子,就朝着那个方向一路骑马奔去。可是,马都快累死了,也没有到达。形容眼看着很近其实很远的意思。

当时杰西·利弗莫尔看到了前方市场要下跌,一波熊市就要来临,就赶紧进场做空,却在市场下跌前把自己的资金耗尽了。这可以说是"望熊亏死杰西"。

杰西·利弗莫尔为自己的急不可耐的进场,付出了巨大的代价。习惯做短线的他,轻视了长线交易的时间因素,还不够耐心。他自以为只要看对了方向,就可以马上赚到大钱,忽视了大趋势的转变和运行都是需要时间的,过早地进入市场甚至比过晚地进入市场还要危险。

虽然这次杰西·利弗莫尔亏光了钱,但是他并不算太苦恼,他知道自己走的是一条正确的路,只是万事开头难。这就像刚开始骑自行车的时候,都要费劲猛蹬两脚,自行车的轮子才开始运转,一旦轮子运转起来上路了,后面就会省力气得多。此时的杰西·利弗莫尔交易系统还有很多细节没有完善,罗马不是一天建成的,理论和实操相结合往往需要比想象中更多的时间。

杰西·利弗莫尔对此后的交易依然充满信心。

之后的市场如前面所说的,迎来了一轮熊市。杰西·利弗莫尔凭借着自己在经纪商那里的知名度和信誉,借到一些仓位,在股市中大肆做空,资金又终于失而复得。杠杆交易就是如此一把"双刃剑",钱去得快,来得也快。

在这波熊市过程中,让杰西·利弗莫尔津津乐道的有这样一个自己带头做空的故事:

熊市来临的时候,所有股票都在跌。有一只叫雷丁公司的股票,价格似乎稳如泰山,一直不随大市下跌。外面传着很多风言风语,大家普遍认为这只股票很坚挺,公司背后有大靠山。但杰西·利弗莫尔不信这个邪,他知道大市下跌,所有股票都难逃厄运,这只股票再牛也不可能跟大市对着干,股票背后大股东内心此时一定比任何人都忐忑。于是,杰西·利弗莫尔分两次在111美元价位做空了6000股雷丁

第六节 1907大恐慌

公司的股票。随着杰西·利弗莫尔这临门一脚,似乎成为了压倒这只股票的最后一根稻草,股价再也扛不住了,倾泻直下,在92美元处,杰西·利弗莫尔全部平仓。他在短期内赚了一大笔利润。

1907年,在这段熊市中,随着30岁的杰西·利弗莫尔成功的对几只股票做空,他的资金达到了将近100万美元,他又一次从有到无,又从无到有,并且创造了自己资金的记录。他清仓以后,跑到了欧洲去度假,让自己好好消化一下这段时间的大起大落。

但这一年还远没有过完。

杰西·利弗莫尔在欧度假期间,了解到市场依然在下跌,熊市依旧,他知道自己急于兑现利润,出场得太早了。他在哪里跌倒就在哪里爬起来。所以,他又急急忙忙地从欧洲回到纽约,继续在市场中做空。

该来的还是要来,1907年10月24日,历史称为:1907大恐慌。

简单来说,由于当年股市的下跌已经接近了前一年最高峰的50%多,导致一系列金融市场的连锁反应,多家知名的银行和企业破产。银行贷款还不上,银行也就拿不出钱来,于是爆发了金融危机。

仅仅是这一天,杰西·利弗莫尔就从市场中做空赚取了100多万美元的利润。

但如果市场再继续跌下去,国家的经济就完蛋了。

就在这万分紧急的时候,美国金融界大牛人,著名的银行家J.P.摩根和几个金融界的大佬一起站了出来,呼吁大家一起救市,让银行拿出备用资金,为市场打气。仅他个人就出资2000万美元。

图片资料:约翰·皮尔庞特·摩根(1837年4月17日—1913年3月31日),美国银行家,亦是一位艺术收藏家。1892年,他撮合了爱迪生通用电力公司与汤姆逊-休士顿电力公司合并成为通用电气公司。在出资成立了联邦钢铁公司后,他又陆续合并了卡内基钢铁公司及几家钢铁公司,并在1901年组成美国钢铁公司。

再见股票大作手

J.P. 摩根不仅是一个有钱的银行家，还是一个务实爱国的金融伟人，更是杰西·利弗莫尔的偶像。他一生成就无数，我们对他最熟悉的事件，大概是他在 1912 年出资建造了那艘著名的"泰坦尼克号"巨轮。

当时杰西·利弗莫尔正沉迷于疯狂的赚钱之中。如果他在市场中继续做空，他可能会赚到 1000 万或者 2000 万美元。但其结果可能是导致市场不复存在，交易所关门大吉。

图片资料：人们聚集华尔街，照片拍摄于 1907 年 10 月 24 日当天。

如果不是 J.P. 摩根的号召，杰西·利弗莫尔也不会清醒过来，使他拥有"救市"这么高的思想觉悟。

犹豫再三，杰西·利弗莫尔决定响应 J.P. 摩根救市的号召，平掉了自己市场所有的空头头寸，反手做多市场。随着救市热情的高涨，市场终于开始复苏，之后的九个月中，杰西·利弗莫尔在股市中一直持有大量的多头头寸，并且坚持没有做空一股。

杰西·利弗莫尔说，这是他人生中的最辉煌的一段经历。

这可并不是说他在市场中赚了多少钱，而是他放弃了赚更多钱的机会，和自己的偶像 J.P. 摩根一起，参与拯救了美国股市，让美国经济从 1907 大恐慌中活了过来。让他从一个普通的交易者变身为救国家于水火之中的英雄，瞬间感受到前所未有的巨大成就感。

第六节 1907大恐慌

"为国为民,侠之大者"。在国家危难之中挺身而出,这也许是每一个有血性之人的光荣与梦想。在此荣耀面前,金钱显得卑微如尘。道理使然,国家若是衰落了,钱也不过是稍许精美的纸张而已。

第七节
棋逢敌手

由于参与"救市",杰西·利弗莫尔在股市中无事可做,技痒难耐,就去芝加哥期货交易所倒腾谷物期货。

资料图片:芝加哥期货交易所(Chicago Board of Trade – CBOT)是一个具有领导地位的期货与期权交易所,也是当前世界上最具代表性的农产品交易所。1848年,由83位谷物交易商发起组建了芝加哥期货交易所,1865年用标准的期货合约取代了远期合同,并实行了保证金制度。左图为1885年芝加哥期货交易所的样貌,右图为当今芝加哥期货交易所的样貌。

当时小麦和玉米期货的大趋势都在下降。于是,杰西·利弗莫尔

第七节 棋逢敌手

就分别做空了 1000 万蒲式耳的小麦期货和 1000 万蒲式耳的玉米期货。

小麦期货下跌很顺利，杰西·利弗莫尔赚到了不少的利润。而玉米期货却逆大势上涨了。

这里先说一个叫亚瑟·卡顿这个人。

亚瑟·卡顿比杰西·利弗莫尔年龄大 7 岁。如果说杰西·利弗莫尔是当时股票市场的明星，那亚瑟·卡顿就是当时期货市场的明星。不过，杰西·利弗莫尔江湖人称"股市大熊"，以在股票市场做空而闻名；而亚瑟·卡顿江湖人称"期市大牛"，以在期货市场做多而闻名。

亚瑟·卡顿成长经历和杰西·利弗莫尔很像，一开始都是农民家庭出身，后来到城市做与市场交易相关的底层工作，对行情走势很感兴趣，同样天赋异禀。在自己攒下一笔小钱以后，25 岁的亚瑟·卡顿开始进入期货市场交易，积累自己的财富。1907 年，37 岁的亚瑟·卡顿已经成为芝加哥期货交易所的传奇人物。

除了经历相似以外，据传说杰西·利弗莫尔和亚瑟·卡顿个头和身材也很相似，只不过杰西·利弗莫尔穿着比较华丽张扬，而亚瑟·卡顿穿着朴实低调。不过，他们都属于"人狠话不多"的沉稳型人才。

这次的玉米期货逆势上涨，就是亚瑟·卡顿的杰作。

亚瑟·卡顿在此之前，一直在默默囤积大量的玉米，在期货市场中手里有货就有话语权。于是，亚瑟·卡顿在期货市场中不断推高玉米的价格，想造成"逼空"行情。

逼空是期货术语，简单来说，就是多方不断拉动上涨，形成单边不回调的多头行情，迫使空方投降，使空方只能在高位忍痛平仓。就算自己下不了手平仓也没有关系，因为期货有杠杆，保证金不够了，也会被期货公司强平。

当然，想造成逼空，除了手上有货，更重要的是需要大量的资金垄断行情，操纵市场。在当时，市场成交量毕竟远没有今天这么巨大，法制也不健全，个人或者小团体操纵市场是经常有的事情。

杰西·利弗莫尔这个时候，虽然在小麦期货上赚了不少，但在玉米期货上已经损失很多钱了。他意识到自己已经掉进了亚瑟·卡顿早已挖好的坑里，现在亚瑟·卡顿正用铲子一铲一铲地把土往自己身上埋，如果再不采取行动自救，自己在小麦上赚到的钱不仅会全部搭进去，还可能会面对难以承受的巨大亏损。

当时，在期货市场有另一个实力雄厚的角色——阿默家族。这个时候的阿默家族也正在燕麦期货上被亚瑟·卡顿逼空，处境和杰西·利弗莫尔一样有点尴尬。杰西·利弗莫尔决定"帮"阿默家族一把。

他把已经赚到钱的小麦期货的头寸平仓，然后拿一部分资金一次性做空了20万蒲式耳的燕麦。这个举动影响了燕麦期货价格的波动，让交易商误以为是阿默家族开始反击了，于是，众多贪婪的交易者们纷纷入市做空，加入到反击亚瑟·卡顿的行列中，试图从中得利。不仅是燕麦市场，也包括被亚瑟·卡顿操纵的玉米市场，一时也有大量的空头涌入市场。

杰西·利弗莫尔趁着这轮市场价格暂时走低，赶紧把被困已久的玉米期货的空单平仓，顺便把燕麦期货的空单也平了出去。最后一算账，不但没亏，还小赚25000美元，自己终于无单一身轻了。

如果杰西·利弗莫尔这次没有及时平仓离开市场，按照亚瑟·卡顿几天后把玉米期货行情价格又推高了25美分来计算，他至少要亏损250万美元。

杰西·利弗莫尔这一仗虽然没打过在期货市场实力雄厚的亚瑟·卡顿，但他自己在先陷入困境的情况下，靠在市场中声东击西，趁机金蝉脱壳，实在是狡猾。

这个过程，简单来说，就好像杰西·利弗莫尔跑到某个高手地盘上做点坏事，想捞人家一点好处，但被这个高手发现了，被一路追杀。他走投无路，就制造了一种自己是某个著名帮派老大的假象，吸引来了江湖上一些不明真相的仰慕者入伙。为了受到帮派的重视，仰慕者们抓紧机会表现，誓与杰西·利弗莫尔一起对抗这个高手。于是，就在这些仰慕者们去找这个高手拼命的时候，他就乘机逃之夭夭。

虽然在江湖上，这是一种为人不齿的下三烂招数，但这次用在交易中，却是高明之极。

中国的兵法《三十六计》中，有一计叫"明修栈道，暗度陈仓"。是指将真实的意图隐藏在表面的行动背后，用明显的行动迷惑对方，使敌人产生错觉，并忽略自己的真实意图，从而出奇制胜。与杰西·利弗莫尔这次在期货市场的脱身策略，有异曲同工之妙。

当然，今天的市场已经足够大了，操纵和影响市场单凭个人几乎是不可能的事情。所以，我们无法效仿杰西·利弗莫尔当年的这种交易手段，不过他的交易思路却是可以让后人从中受益的。

第八节
成也棉花

与亚瑟·卡顿的较量,杰西·利弗莫尔算是有惊无险。所谓"大难不死,必有后福"。事后,他买了一艘奢华的游艇,跑到一个叫棕榈滩的旅游城镇,吃喝玩乐,潇洒度假。

图片资料:棕榈滩是属于美国佛罗里达州东南部的旅游城镇,在美国历史上一直扮演着超级富有的角色。因为这里是美国最有名的亿万富豪区,每年都吸引着美国乃至世界各地超级富豪到此度假,因此棕榈滩的旅游业相当发达。棕榈滩也是美国豪宅价格最高的地区之一,目前,平均豪宅价格超过4900万美元。照片为当代棕榈滩航拍照。

人就是这样,安逸的日子过惯了,心里就会觉得不踏实。特别是像杰西·利弗莫尔这样时刻心系市场的人。

第八节　成也棉花

杰西·利弗莫尔从他的经纪商那里听说"棉花大王"帕西·托马斯在 3 月份的棉花合约中逼空失败，也就是企图操纵市场上涨未遂，还爆了仓，他就对棉花期货产生了兴趣，急忙回到了纽约。

回到纽约，当时已经是 5 月份了，杰西·利弗莫尔发现在 7 月份的棉花合约还在被空头打压，他看出这样下去，空头持仓量太大，之后合约到期了，很多空头根本没办法平仓，空头就只能在合约到期前，不计成本地大量抛出空单，导致市场价格上涨。

这里先说明一下，期货是"零和游戏"，你想新开一手空单，就必须等待市场有另外一个人新开一手多单，两单配对才能成交。这就像（常规情况下）一个男人要配对必须要等一个女人出现的道理是一样的。当然，你手上如果已经有一手多单了，想要在某个价位平仓，这时只需等待另一个在此价位开多单的交易者接手即可。这点和股票交易一样。

另外，与股票交易不同的是，期货合约到期是要进行交割的。比如 7 月份的合约就是 7 月的某一天到期交割，合约到期就不能再炒了。而股票只要公司不倒闭，就可以一直持有这家公司的股票，直到天荒地老。

于是，杰西·利弗莫尔就趁此刻，前后陆陆续续开了 14 万包的棉花期货多单，虽然量很大，但因为市场中空头还在不断打压市场，所以他这 14 万包多单开得相当轻松。

之后，就像杰西·利弗莫尔预期的一样，由于 7 月份棉花期货合约交割期的临近，大量空头开始匆忙平仓，这就导致了市场价格开始上涨。

虽然随着 7 月份的棉花合约行情的上涨，杰西·利弗莫尔账面上有了相当可观的利润，但他没法落袋为安。因为他多单持仓量太大，合约到期前很难平仓离场，市场中现在没有那么多人愿意以现在如此高的价格去接手他的多单。如果他要强行把手上的多单全部平出去，就只能不断以低价的方式抛出，也就是我们说的"砸盘"。那样的话，市场的价格会大跌，他做多的大部分利润很可能就保不住了。

在这万分纠结的时候，福从天降。一份叫《纽约世界》的报纸，在头版刊登了一条《杰西·利弗莫尔逼空七月份棉花合约》的新闻报道。

这报道的意思就是在说，著名的大投机家杰西·利弗莫尔正在操纵七月份棉花合约上涨，把空头逼得快爆仓了。所有懂得见风使舵的交易者看到这条消息，都分外激动，迫不及待地想来到市场分一杯羹，和杰西·利弗莫尔一起做多7月份的棉花合约。

杰西·利弗莫尔正愁自己巨量的多单平不出去，想不到这个时候一条新闻报道，竟然引来无数的人来到市场做多，这让他的多单找到了接手的对象。所以，他很顺利在高价位全部平了自己多头的仓位，获得了巨额的利润。

虽然事后，杰西·利弗莫尔声称这份报道他也感到莫名其妙，一无所知。但历史没有真相，很多人不相信这篇报道是空穴来风，都怀疑是杰西·利弗莫尔在背后搞的鬼。

无论这篇报道是否是杰西·利弗莫尔所为，已经不重要了。当时的报纸报道至少是需要门槛的，不是谁都能登新闻报道。而现在依靠互联网的便捷，个人坐在家里都可以杜撰和传播不知真假的"新闻"，导致每天市场中的报道过于琳琅满目，光靠一双肉眼还真是看不过来。有时候，我们很是向往传媒匮乏的时代，哪怕其中那些消息也未必可信，但起码耳根清净。

杰西·利弗莫尔在棉花市场打了一个漂亮的仗，让他对棉花这个品种产生特别的好感和信心。但这也为之后他交易生涯中即将来到的大灾难，埋下了祸根。

第九节
败也棉花

杰西·利弗莫尔在棉花期货上大赚一笔的消息传开后，前面提到的那个"棉花大王"帕西·托马斯，也就是在3月份棉花期货合约上爆仓的那个哥们，找到了杰西·利弗莫尔。

起先，杰西·利弗莫尔以为这位素未谋面的大人物，只是来找自己借一些钱。这他当然非常乐意，毕竟，谁都有困难的时候，能拉一把就拉一把，多一个朋友何乐而不为，何况他是"棉花大王"。

可是，这位帕西·托马斯真不是等闲之辈，他拒绝了杰西·利弗莫尔主动提供的支票，把两人之间的话题引入了他的老本行——棉花。

帕西·托马斯是一个非常有说服力的人，能言善辩，口才了得。这有点像很多年前"电视购物"刚刚在国内兴起的时候，节目上那些口如悬河的推销员，把一件很普通的商品说的天花乱坠，使得很多当时还比较单纯的电视观众心动不已，马上拨打热线电话抢购，真以为自己电话打晚了就买不到了。

对于平时沉默寡言的杰西·利弗莫尔来说，帕西·托马斯的出现，也如同国内电视观众第一次看到"电视购物"上的推销员一样，既新鲜又提神，感觉帕西·托马斯讲起话来都自带光环和背景音乐。

帕西·托马斯绝对不是骗子，他确实是有真材实料的。在美国，对于棉花市场的了解，他称第二，没人敢称第一。他在棉花市场混迹几十年，对棉花的供需关系了如指掌，他甚至在南方棉花种植园安排有自己的"线人"。很多著名的报刊杂志都要从他这里获取棉花消息的第一手信息。

按照今天的话来说，帕西·托马斯就是棉花市场的"基本面分析派"大师。并且，帕西·托马斯自己就掌握基本面消息的源头。他不像大多数基本面分析者是通过报纸媒体等了解二手基本面消息，那些最多只能称为基本面消息的"搬运工"。

杰西·利弗莫尔的交易原则之一是独立思考，不听从他人意见，只关心行情价格的变动。这也是他吃了无数亏总结出来的经验。并且，他的交易也不会只局限于市场某个标的，只要有机会，股票或者期货他都会做，用今天的话来说，他属于纯"技术分析派"。

按道理来说，帕西·托马斯刚刚爆仓，无论他说什么，杰西·利弗莫尔也绝对不会信的。平时对于这种只会纸上谈兵的家伙，杰西·利弗莫尔往往敬而远之。但也许是帕西·托马斯个人魅力实在太强，不仅上知天文，下知地理，还胸怀大志，诙谐幽默，自信十足。

王尔德说："只有两种人最具有吸引力，一种是无所不知的人，一种是一无所知的人。"

帕西·托马斯明显属于前者。

渐渐地，杰西·利弗莫尔竟然也成为了这个"棉花大王"的粉丝。他觉得帕西·托马斯对于棉花市场的分析深入且全面，十分理性和科学。他甚至开始怀疑自己一直以来的交易手法只是投机取巧，帕西·托马斯的这套思路才是"人间正道"。

当然，我们从旁观者的角度来看，也许有人认为杰西·利弗莫尔读书少，没有多少文化，遇到点有才学的人就容易被忽悠。但是别忘记，这个时候的杰西·利弗莫尔虽然只有30岁出头，可他已经在市场中摸爬滚打了15年，摔了无数的跟头并且又靠自己重新站了起来。他绝不是初出茅庐的"愣头青"，而是一个极为成熟的交易者。

但就算是杰西·利弗莫尔这样的身经百战的"市场老兵"，遇到帕西·托马斯这样的家伙，也难以招架。可见帕西·托马斯嘴上的功夫有多了得。

这也从侧面反映了如今的一个无奈的现象，在交易这个行业，只要有一张能说会道的嘴，哪怕不怎么做交易，或者做交易亏损，也可以做一个"股评"或者"专家"，如今在网络或者电视上满嘴跑跑火车，就会有大批拥护者，使其大发横财。试想如果把帕西·托马斯这样才

第九节 败也棉花

华横溢的市场分析专家放到今天，更不知道要红成什么样子了。

接下来，故事的高潮来了！

被帕西·托马斯"洗脑"的杰西·利弗莫尔大举进入市，做多了6万包棉花。

违背了他"独立思考，不听小道消息"的交易原则。

之后，由于棉花行情下跌，杰西·利弗莫尔的账面出现了亏损。但是他不但不止损，反而亏损加码，逢低加仓到15万包棉花，试图平摊成本。

违背了他"不在亏损仓位上加仓"的交易原则。

接着，由于棉花的继续亏损，杰西·利弗莫尔保证金不足，他平仓了正在盈利的小麦，来补棉花的仓。这也导致其在小麦上少赚了800万美元。

违背了他"不随意平掉赚钱的仓位"的交易原则。

最后，直到杰西·利弗莫尔在棉花期货上爆仓出局之前，他已经丧心病狂地通过加仓持有了60万包棉花。当初投入的300万美元，仅剩下30万美元，亏损270万美元。

这还没完！

杰西·利弗莫尔卖房、卖车、卖游艇，然后带着满腔的怒火回到市场继续在交易。急于翻本的他，无所不用其极，交易毫无章法可言，变成了一个赌徒。很快他不仅亏掉了自己剩下的所有钱，还倒欠了100万美元的外债。

违背了他"情绪不佳的时候，远离市场"的交易原则。

杰西·利弗莫尔做"百万富翁"不到一年，又再次一贫如洗，甚至成了"负百万富翁"。他的财产还不如十几岁刚刚到波士顿干他第一份"行情书写员"工作的时候，至少那时候他身上还有妈妈给的5美元，没有外债。

这次的交易杰西·利弗莫尔似乎像受到了某种诅咒一样，一而再，再而三地违背自己多年心血总结出来的交易原则，最后遭到市场"数罪并罚"。让他不仅一夜回到"解放前"，还一夜回了到"史前"。

遭此重创，杰西·利弗莫尔在资金和精神上都备受打击，也许就是此时，他开始患上了抑郁症。

市场的走势往往是非理性的，哪怕像帕西·托马斯这样掌握棉花基本面第一手资料人来说，他的分析再科学，市场的价格也不一定会按照他的分析去运行。所以，在入场的同时就必须要设定止损，并且严格按照止损单执行，否则就不要入场。这不仅仅是遵守"亏小赢大"的交易原理，更重要的是在于防止账户亏损扩大之后，交易者情绪失控，继而做出一系列无脑冲动的交易行为，导致更可怕的"连锁反应"的发生。

这种类似于"破罐子破摔"的心理，也许是人类面对巨大威胁的时候放手一搏的拼命本能，但放到市场中，就等于是开启了疯狂的"赌徒模式"。就连杰西·利弗莫尔这样有丰富经验的市场老手也无法控制这股本能所带来的"洪荒之力"！毕竟，谁都不敢保证，自己在极端急躁的情况下，能做出什么愚蠢的事情来。也许很多人都属于"发起疯来，自己都怕"的类型。

简而言之，及时止损的更深层意义在于扼杀人们潜意识的疯狂，尽量使自己保持在理智和平静的层面上交易。

第十节
巧遇"贵人"

　　万念俱灰的杰西·利弗莫尔坐火车回到了芝加哥,想看看那里还有没有投机店,他想也许自己能靠投机店再次翻身。毕竟,投机店是自己当初梦开始的地方。

　　可是,杰西·利弗莫尔的意志也不是铁打的,其实他根本没有心思做交易,精神一度崩溃,灰心绝望。他反复回头审视自己之前那段让自己从堕入地狱的棉花的交易记录,倍感自责。他明白那段交易完全不是他自己的风格,他当时仿佛是被一个穷凶极恶的赌徒灵魂附体,控制了他的身体和思想。他一点也不怪棉花大王,他知道棉花大王也没有刻意欺骗自己,棉花大王自己也对基本面分析那套深信不疑。杰西·利弗莫尔本可以依据自己的止损原则,在棉花出现小亏损的时候就抽身离场,甚至还能在小麦上大赚一笔。可是他却选择一而再,再而三地违反自己定下的各种交易原则,才导致后面一发不可收拾的后果。

　　总的来说是自己活该。

　　毫无收获地在芝加哥待了3个月以后,杰西·利弗莫收到消息,纽约有一家股票交易所的老板想见他。于是,杰西·利弗莫尔再次回到了纽约。

　　这个叫查尔斯股票交易所老板腰缠万贯,算是行业的名人。他邀请杰西·利弗莫尔来他的交易所交易,并且向他无偿提供25000美元初始资金。

　　"天上不会掉馅饼"的道理杰西·利弗莫尔还是懂的。查尔斯也看出杰西·利弗莫尔的心思,就直接告诉他,交易所想借助他的名气和大手笔交易的风格，掩护自己交易所的几个大投资人巨额的交易。简单来说，杰西·利弗莫尔被交易所当成一个烟幕弹。

虽然被他人利用，还是如此明目张胆地利用，换成平时心高气傲的杰西·利弗莫尔是无法忍受的。可是人在屋檐下，不能不低头，虎落平阳被犬欺，今非昔比的他至少现在有钱继续交易了。

3个星期后，杰西·利弗莫尔把25000美元变成了11万2000美元。他找到查尔斯想偿还他当初借给自己的25000美元本金，早点和他结束这种被利用的关系。

可是查尔斯没有收下这25000美元，只是劝杰西·利弗莫尔继续在这里交易，公司也可以赚一点手续费。杰西·利弗莫尔想也是，反正在哪里交易都是交易，无论他出于怎么的目的，查尔斯也算在自己危难之时帮了自己一把，有恩于自己。于是，杰西·利弗莫尔就留在了查尔斯股票交易所继续交易。

但是，事情并没有杰西·利弗莫尔想的这样简单。对于之后所发生的，让杰西·利弗莫尔极度后悔自己没有坚持把那25000美元还给查尔斯。

查尔斯有个姐夫是多家上市公司的总裁，是当时美国最富有的人之一，大概类似于今天的比尔盖茨、沃伦·巴菲特、马克·扎克伯格之类的人物。查尔斯之后多次以自己的姐夫有内幕消息为由，擅自操作或者更改杰西·利弗莫尔的账户的交易。本来是杰西·利弗莫尔做空的交易，却被查尔斯变成做多。这让杰西·利弗莫尔原本来可以在当时的熊市中赚到很多钱，却反而遭到了亏损。

当然，这些账户亏损的钱查尔斯并不会让杰西·利弗莫尔偿还，因为这些损失的钱仅仅是他赚得的钱的九牛一毛。查尔斯把杰西·利弗莫尔当成了一颗自己的棋子，用他的账户和名声，把自己姐夫的公司股价做多抬高以后，在高价位变卖公司的股票，帮助自己的姐姐套现。虽然套现必然导致公司股价大跌，但当时的大势是由牛转熊的行情，市场中的股票纷纷下跌。所以，大家都会以为这是杰西·利弗莫尔配合熊市大肆做空这家公司股价所导致的，谁也不会想到其实是公司股票被套现了。别忘了杰西·利弗莫尔在当时有个绰号叫"股市大熊"，如果说不是他在做空，可能广大人民群众都不会同意。

第十节 巧遇"贵人"

查尔斯帮助自己姐姐套现自己姐夫资产的事情，被他的姐夫知道以后，他的姐夫就从此病倒了，一蹶不振。

杰西·利弗莫尔不怪查尔斯，他帮助自己姐姐是人之常情，无可厚非，换成是自己，有机会也可能会这样做。

他只怪自己很傻很天真，再一次轻信了别人。一开始以为自己只是被别人小小的利用了一把，没想到却是被如此大做文章。

其实，交易这一行，干的就是把别人的钱通过投机取巧变成自己的"肮脏"勾当，作为杰西·利弗莫尔这样的市场老手，早已把名声置之度外。只是让杰西·利弗莫尔难以忍受的是，明明他本该在这段熊市中，做空赚到大钱，却因为被人利用，导致他竹篮打水一场空。特别加上之后的四年多时间，也就是1911年到1913年，市场一直以横盘震荡为主，再没有像样的趋势性的行情。这让杰西·利弗莫尔后来纵观自己人生的时候，把这段被人利用的经历，看成比之前棉花爆仓还要难受。

因为对于一个趋势交易者来说，完全懂得一段像样的趋势行情何其珍贵，这也许是需要等待好几年时间才能遇上一波。如果是因为自己的原因，错过了这波行情一定会悔恨不已。但像杰西·利弗莫尔这次，自己并没有错过，也做对了方向，却因为他人导致的一些莫名其妙的原因，把行情耽搁了，可能当时想死的心都有了。

所以，做交易的人都应该明白，行情是等出来的，是市场给交易者的恩赐，不是天天在市场中来回折腾出来的。一个合格的趋势交易者，会在市场给大行情的时候好好把握住，就能赚的盆满钵满。其实行情来到的时候进去赚钱很容易，大牛市的股票天天涨，可谓是"大盘成仙，鸡犬升天"，路边要饭的乞丐这个时候进入市场都能赚到钱。但平时没有行情的时候，看似简单的"修身养性"，忍住手痒，蛰伏于市场边缘等待下一波行的来到，对人这种天生不安分的物种来说，才是最难熬的。敢问真正能做得到的有几人？

第十一节
最后的"子弹"

大家还记得杰西·利弗莫尔棉花爆仓之后，有一段近似于疯癫一顿胡乱操作，使自己欠了 100 万美元的外债的事情吧。后来本来有机会赚到一些钱还清债务，又被那个叫查尔斯的股票交易所老板耽误了，之后又遇上四年的震荡行情。对于当时早已从短线交易经转变成做大趋势赚大钱的杰西·利弗莫尔来说，就像种地的农民遇到了四年的干旱，不仅亏了劳动成本，还颗粒无收。

虽然大多数借给他钱的人是他的朋友，对他信心满满，都没有催杰西·利弗莫尔还钱。但也有极少数难缠的债务人常常追着他没处躲没处藏，加上杰西·利弗莫尔是一个自尊心很强，天生特别怕欠别人钱的人。于是，外债的事情就像一块大石头一直压在他心里。他知道不解决外债，自己就没有办法全心全意地去做交易。交易对每一个专业的交易者来说，都是一件必须百分之百要专注的事情。

从这里大家可以看出，就连杰西·利弗莫尔这样的大投机者，也承认自己没有办法在债务缠身的情况下去做好交易。但这个市场却每天都有借钱或者抵押资产来做交易的人，除非是他们心理素质极高，或者是"债多不愁虱多不痒"，否则顶着这样的压力，如何能从市场中赚钱呢？要不那些市场中精神崩溃的人怎么来的？没有一个好的心态为前提，做任何事情想成功都十分困难。这里还是奉劝大家，做交易只能用闲钱。

没钱还债又不想让自己受债务的困扰，只能申请破产。于是，杰西·利弗莫尔在拜访了自己的每位债主，向他们说明情况并且征得他们的理解之后，让自己律师起草了申请破产文件，在 1915 年 2 月 18

第十一节 最后的"子弹"

日,《纽约时报》刊登了杰西·利弗莫尔破产的消息。

38岁的杰西·利弗莫尔宣告自己破产。他的人生在接近不惑之年的时候,重新洗牌,一切归零。这对任何一个曾经风光无限的人来说,都是莫大的打击。在这个时候,文字的力量是渺小的,也只有过类似经历的人,才知道其中的滋味。

但好在杰西·利弗莫尔不再为债务而忧心忡忡了,虽然宣布破产不代表他就没有外债了,但他在接下来的时间里,可以不被打扰地全身心投入到交易中了。

杰西·利弗莫尔再次来到了之前帮助过他也利用过他的股票交易所老板查尔斯的办公室,两人见面像什么事情都没有发生过一样。

查尔斯和杰西·利弗莫尔都是唯利是图的人,唯利是图的人往往是不计前嫌的。有句话说的好,小孩子才分对错,成年人只看利弊。虽然所有人都知道杰西·利弗莫尔破产了,但查尔斯很爽快地就给了他500股的交易额度。当然,500股对于做惯大手笔交易的杰西·利弗莫尔来说少得可怜,可是聊胜于无。

当时是1915年,欧洲战火连天,正是第一次世界大战时期,美国股市也受到很大影响,而且就在前一年美国股市还因为第一次世界大战关闭了几个月。这个时候的美国股市走势十分不稳定,操作难度较高。此时的杰西·利弗莫尔也像一个身赴战场上的士兵,他身上只有这区区500股的"子弹",他不能有一点浪费,必须要最大程度上保证"子弹"击中目标。

杰西·利弗莫尔知道自己资金有限,输不起。他在暗处默默观察市场,整整六个星期他都关上房门研究行情报价纸带。

终于,他动手了。

他看中了一只叫作伯利恒钢铁的股票,战争期间,钢铁急需,这只钢铁股票一直在涨。他在98美元的价位处,利用自己的全部额度做多了500股这只股票。之后,伯利恒钢铁涨到114美元,他又用浮盈加仓了500股。

这里说明一下,大家在做交易的时候,如果账户上出现了利润,这部分盈利叫做浮盈。一般来说,对于有杠杆的市场,账面上有了浮盈,就等于有了多出来的钱,在不对原有头寸平仓的情况下,浮盈就可以用来继续买卖。

因此，在用浮盈加仓之后，杰西·利弗莫尔持有了1000股伯利恒钢铁的股票。加仓后的第二天，这只股票就涨到了145美元，几天后清盘出来，杰西·利弗莫尔赚了50000美元。

资料图片：冠达海运公司（Cunard）引以为傲负重30396吨的路西塔尼亚号（昵称"海上灰狗"）。外观上很像同样因事故沉没的"泰坦尼克号"。

资料图片：1915年5月7日（星期五），由纽约驶往利物浦的路西塔尼亚号于爱尔兰南部的老金塞尔角（Old Headof Kinsale）附近被一枚德国鱼雷偷袭击沉。她只用了20分钟左右就沉没了，1198个男人、妇女和小孩失去了生命。三十多名婴儿里只有四名婴儿生还，三百多名尸体被捞上岸，其余都葬身大海。德国潜水舰艇用鱼雷击中路西塔尼亚号后立马掉头逃跑。

"路西塔尼亚号沉没事件"成为1917年美国在第一次世界大战后期参战的"导火索"，有重大的历史意义。

第十一节 最后的"子弹"

之后在 1915 年这一年里,杰西·利弗莫尔收获颇丰。年终的时候,他的资产累计到了近 15 万美元。要不是在 5 月 7 日的"路西塔尼亚号沉没事件"中股市暴跌,杰西·利弗莫尔损失惨重,他的资产大概会是 50 万美元。

第十二节
"泄密"事件

在1915年"路西塔尼亚号沉没事件"之后,美国并没有马上参加第一次世界大战,而是加快生产,向欧洲战场大量运送急需物质,也就是我们常说的"发战争财"。这使得美国经济欣欣向荣,美国股市在1916年迎来了一波牛市。

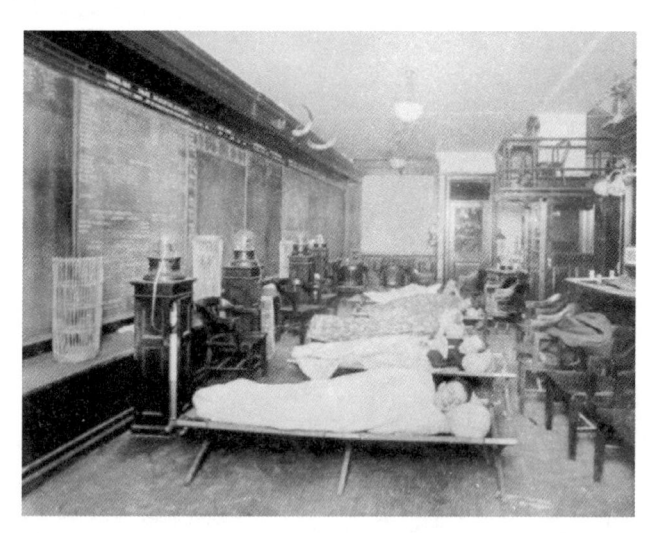

图片资料:由于大量的股票交易,华尔街的工作人员只能在办公室睡觉。照片拍摄于1916年的纽约。

杰西·利弗莫尔跟随这波牛市做多,赚到了不少钱。之后他看出市场上涨乏力,有了到顶的迹象。于是他用试探性的仓位做空了几只股票,随着市场的下跌,他知道自己的判断得到了市场的肯定,一路加仓至12万股。

也就是说,在1916年12月20日美国华盛顿爆出著名的"泄密"事件之前的7个星期,杰西·利弗莫尔就通过技术分析在股市中大肆

上篇 第十二节 "泄密"事件

做空了。

关于"泄密"事件,简单来说,就是当时的美国总统伍德罗·威尔逊向德国和协约国发出和平请求的消息遭到了外泄。要知道,这个消息对于当时正在"发战争财"的美国,在经济上是一个重大的打击。于是,人们纷纷抛盘,股市开始大跌。

当时,杰西·利弗莫尔和他的朋友,著名的投机者——伯纳德·巴鲁克,都纷纷做空。在市场恐慌的情绪下,原本持有12万空头股票正愁难以平仓的杰西·利弗莫尔,很容易就平出了仓位,获利超过300万美元。而他的朋友伯纳德·巴鲁克获利46万美元。

事后国会还专门成立了一个委员会调查股市崩盘事件。

伯纳德·巴鲁克承认自己利用"泄密"事件做空了股市;而杰西·利弗莫尔由于早在"泄密"事件发生前7个星期就持有了大量的空头头寸,因此没有被过于追究。

杰西·利弗莫尔相信,市场有自己的语言,价格的走势会说明一切,哪怕不需要借助外来的消息也能做好交易。而且,他人生几次惨痛的教训告诉他,当他借助消息去做交易的时候,往往损失都相当惨重。

资料图片:巴鲁克学院(Bernard M. Baruch College)。从事金融投资学习和工作的人大概都知道巴鲁克学院,纽约市立大学(CUNY)一个校区,拥有全美最大的商学院之一。此学院是由华尔街传奇人物犹太人伯纳德·巴鲁克于1965年捐助900万美元所创立。

值得一提的是,目前巴鲁克学院中有1/3的学生来自亚洲。

资料图片：伯纳德·曼恩斯·巴鲁克（Bernard Mannes Baruch，1870—1965），美国金融家，股市的投机者，政治家和政治顾问。他在商业上成功后，成为美国总统伍德罗·威尔逊和富兰克林·罗斯福的经济顾问，以后又成为一个慈善家，他是所有交易者的典范。

伯纳德·曼恩斯·巴鲁克是一位白手起家的百万富翁，一位颇具传奇色彩的股票交易商，一位大众瞩目的投资家，一位通晓商业风险的资本家，一位曾经征服了华尔街的最著名、最受人敬慕的人物。他既钟情股市，又热衷政治，被人们冠以"总统顾问""公园长椅政治家"等美名，然而人们更愿意称他为"在股市大崩溃前抛出的人"。

1916年被威尔逊总统任命为国家防护理事会顾问委员。

1919年出席巴黎和会。20世纪30年代对纳粹德国持反对态度。第二次世界大战期间任罗斯福总统的私人顾问，协助主持战时经济动员工作。

1939年拟就全面经济动员和由国家控制战时经济的《工业动员方案》，因时机不成熟未被采纳。曾多次作为总统特使到英国等地执行外交使命。战后受杜鲁门总统之命任驻联合国原子能委员会代表。

1946年提出对原子能实行国际控制的《巴鲁克计划》。在国际事务中发挥了相当重要的作用。

巴鲁克以95岁的高龄死于1965年，著有《战争中的美国工业》等。

第十三节
私生活

  1917 年，杰西·利弗莫尔 40 岁。

  这一年，他不仅还清了自己两年多前宣布破产时候欠下的 100 多万美元的外债。他还吸取之前几次交易失败之后导致生活穷困潦倒的教训，给自己设立了 100 万美元的家庭基金。他每年可以从基金中获取几万美元的收益。以保证自己以后就算在交易中再次破产，也不至于吃了上顿没下顿。

  其实，一年几万美元在当时已经足够过得相当奢华了，毕竟当时一辆汽车也不过才两三百美元。

  接下来，我们八卦一下杰西·利弗莫尔的私生活。

  同样是这一年，杰西·利弗莫尔认识了桃乐茜·文特，并且深陷情网。每个男人欣赏女人的眼光不同，杰西·利弗莫尔这个金发碧眼的帅哥，就对桃乐茜·文特这样黑发小个子的女人欲罢不能。也许这就是中国人常调侃的"老外审美观"。

  总之，杰西·利弗莫尔认识了歌舞女郎桃乐茜·文特之后，就花了一大笔钱和他那个前妻——蕾蒂·乔丹正式离了婚。是的，虽然前面提过他们之间早已感情破裂，但一直还勉强维持着婚姻关系，而且杰西·利弗莫尔每个月都支付蕾蒂·乔丹 1000 美元的生活费。

  1918 年 12 月 2 日，41 岁的杰西·利弗莫尔和 18 岁的桃乐茜·文特正式步入婚姻的殿堂，桃乐茜·文特成为了杰西·利弗莫尔第二任妻子。

  次年，桃乐茜·文特生下了她和杰西·利弗莫尔的大儿子——小杰西·利弗莫尔；1923 年桃乐茜·文特生下她和杰西·利弗莫尔的小儿子——保罗·利弗莫尔。

图片资料：左图是杰西·利弗莫尔和桃乐茜·文特在化装舞会上；右图为在舞台上桃乐茜·文特，摄于1925年。

小杰西·利弗莫尔一生放荡不羁，是一个钟情于吃喝嫖赌抽的纨绔子弟。而保罗·利弗莫尔从小成绩优秀，上过战场，是二战英雄，退役之后做过一段时间的好莱坞影星，最后在夏威夷岛上开了一家著名的酒吧。

图片资料：杰西·利弗莫尔的大儿子小杰西·利弗莫尔、小儿子保罗·利弗莫尔和他们的妈妈桃乐茜·文特。

第十三节 私生活

让人不禁感叹,都是一个爹妈生的,差距怎么如此之大!

杰西·利弗莫尔和桃乐茜·文特生了大儿子小杰西·利弗莫尔以后,在纽约东南部的长岛帝王角定居。他们买了一块 13 英亩的草地,那里有一所 100 多年历史的旧房子。桃乐茜·文特和她的母亲,也就是杰西·利弗莫尔丈母娘,开始依照她们的想法翻新和装修这座旧房子。

两年后,工程完工。呈现在众人眼前的是一座极其奢华大别墅。房子有 29 个房间,12 个洗手间;餐厅可供 48 个人同时用餐,有四个固定的大厨;地下室有酒吧和游戏室,甚至还有一个私人理发室,有常驻理发师服务。后院还停着杰西·利弗莫尔的私人大游艇——一艘长 91.4 米"安妮塔·威尼斯"号。

别墅里布置奢华、古董家具、银器餐具、珍贵的艺术品、定制的挂毯等应有尽有。

这个别墅被桃乐茜·文特取名为"永久",与我们国家一个著名的自行车老品牌同名。桃乐茜·文特取这个名字大概是希望一家人能永久地住在这里。

图片资料:杰西·利弗莫尔在纽约长岛帝王角的别墅"永久"。

平时工作时候的杰西·利弗莫尔生活极其有规律,早上 6 点起床,晚上 10 点睡觉,独立交易,从不让旁人打扰。周末市场不开盘的时候,他常常和桃乐茜·文特在他们的"永久"别墅中举办晚会,也就是我们常说的"开 Party"。这些宾客中不乏名人,比如沃尔特·克莱斯勒、阿尔弗雷德·斯隆和鼎鼎大名的查理·卓别林等。

生活过得梦幻且滋润。

图片资料：沃尔特·克莱斯勒（Walter Chrysler，1875—1940），是克莱斯勒汽车公司（美国三大汽车公司之一）的创始人。

图片资料：阿尔弗雷德·斯隆（Alfred P. Sloan，1875—1966）美国企业家，是一位传奇式领袖。被誉为第一位成功的职业经理人，担任通用汽车公司（美国三大汽车公司之一）第八任总裁长达25年。

图片资料：查理·卓别林（Charlie Chaplin，1889年4月16日—1977年12月25日），英国影视演员、导演、编剧。

第十四节
总统请"喝茶"

1918年，第一次世界大战结束后，棉花需求降低，棉花价格一直下跌。但杰西·利弗莫尔认为棉花需求降低只是暂时的，过两年棉花价格还会上涨。于是，1919年杰西·利弗莫尔动用了几百个经纪人开始悄悄收购棉花。18个月后，他几乎垄断了当时美国的棉花，收购了市场上每一包棉花现货。由于他的这一行为实在有点过分，很快他就被政府约谈"喝茶"了。

杰西·利弗莫尔被政府直接请到华盛顿的白宫，会见他的是当时的美国农业部部长和美国总统威尔逊。

表面上他们之间的会谈在亲切友好的氛围中进行，各抒己见，把杰西·利弗莫尔的面子搞得很大。但无非就是总统和部长出面给杰西·利弗莫尔做思想工作，摆事实讲道理，告诉杰西·利弗莫尔这样垄断棉花是不对的，这不是一个好同志应该做的事情。因为现在他手中有大量的棉花现货，棉花定价权就掌握在他个人的手中，虽然会使他个人富得流油了，但损害的是人民和国家利益的。

杰西·利弗莫尔又不傻，当然不可能和国家对着干。他只是一个投机者，想在市场中赚点钱而已，没想到这次自己收购棉花的问题会上升到损害人民和国家利益的高度。

杰西·利弗莫尔立马对国家表忠心，说自己这次只是一不小心就把棉花收多了，没想垄断棉花市场，发誓自己是百分百爱国的，总统和部长大人如果不信，自己马上可以对着国旗唱国歌，并且发誓会立即把自己手上的棉花以收购成本价放到市场中去，绝不拿老百姓的一针一线，绝不赚国家和人民的一分钱。

虽然这次收购棉花的事件，杰西·利弗莫尔策略是正确的，但无奈政府出手干预，导致他并没能从中获利。

中国有句老话："识时务者为俊杰"。胳膊终究拧不过大腿，何况个人和国家相比较，就是胳膊上的一根毛。国家要针对谁，还不是分分钟的事情。所谓做交易要顺势而为，不仅是要顺应市场价格的走势，更要顺应国家和政府的决定（特别是在 A 股市场）。

千万别因为一己私利，而变成了国家和人们的公敌。

图片资料：白宫（The White House）是美国总统的官邸和办公室。白宫于 1800 年 11 月 01 日建成，1902 年被西奥多·罗斯福总统正式命名为"白宫"。白宫由美国国家公园管理局拥有，是"总统公园"的一部分。白宫是一幢白色的新古典风格砂岩建筑物，位于华盛顿哥伦比亚特区西北宾夕法尼亚大道 1600 号。白宫共占地 7.3 万多平方米，由主楼和东、西两翼三部分组成。照片拍摄于 1900 年，与现代白宫的面貌有所差异。

图片资料：托马斯·伍德罗·威尔逊（Thomas Woodrow Wilson，1856 年 12 月 28 日—1924 年 2 月 3 日），美国第 28 任总统。

威尔逊是唯一一名拥有哲学博士头衔的美国总统。他带领美国，参加第一次世界大战，并取得胜利；一战后期提出"十四点和平原则"；1919 年，威尔逊被授予当年的诺贝尔和平奖。

第十五节 《股票大作手回忆录》

1922年，杰西·利弗莫尔45岁。在生活和交易上都算是风生水起的他，接受了财经记者埃德温·勒菲弗多次采访，这些采访内容在《星期六晚邮》(Saturday Evening Post)上连载，从1922年6月10日开始连载，到1923年5月连载结束，共连载十二篇。之后，这些连载的文章被汇编成了一本书，就是今天我们熟知的——《股票大作手回忆录》(Reminiscences of a Stock Operator)！

这里有一段小插曲。

文章刚刚开始连载的时候，表面上是埃德温·勒菲弗陆续访问一位叫劳伦斯·利文斯顿(Lawrence Livingsto)的华尔街交易员，文体上是以第一人称讲述故事的小说。但由于找不到一个名符合之人，读者很快就知道"劳伦斯·利文斯顿"是个假名，受访者一定另有其人。华尔街就那么大，名人也就那么多，当时的人们很快猜测到"劳伦斯·利文斯顿"就是杰西·利弗莫尔。而且杰西·利弗莫尔曾用名拉里·利文斯通(Larry Livingstone)。

之后，《股票大作手回忆录》集结成书，正式出版。书的开头写着"将此书献给杰西·利弗莫尔"，答案正式揭晓，一切就尽在不言中了。

该书出版后，大受读者欢迎。当时还默默无闻的作者埃德温·勒菲弗名声大噪，《股票大作手回忆录》成为他一生中最成功的一本著作。该书首次出版于1923年(Copyright 1923, by George H. Doran Company)，之后每隔十年几乎都要大规模重印一遍，已被翻译成中文、德语、法语、波兰语、意大利语等版本。

再见股票大作手

图片资料：埃德温·勒菲弗（Edwin Lefevre 1871—1943 年），美国记者，作家和政治家，他描写华尔街市场的书籍最引人注目的。

埃德温·勒菲弗全名为 George Edwin Henry Lefèvre，其父亲亨利·勒菲弗（1841—1899 年），是美国驻巴拿马太平洋轮船公司多年的总代理。

埃德温 19 岁开始作为一名记者的职业生涯，并最终成了一名股票经纪人，其父去世后，得以继承一些财富，成为独立投资者，并生活在美国纽约的哈兹帝尔。

1901 年其出版的《华尔街的故事》，是其最初的短篇小说集。其后又出版内容涉及货币和金融的几部小说；1908 年时，和他的妻子玛莎和及孩子们搬到佛蒙特州东多塞特郡。

1909-1913 年间，威廉·霍华德·塔夫脱（William Howard Taft）出任美国总统期间，勒菲弗还得以出任驻外大使，包括意大利，西班牙和法国。

后来，他回到了家乡，在佛蒙特州重新开始创作文学作品，并于《星期六晚邮报》等报章、刊物上发表短篇小说。

其一生主要著作有 8 本。《股票大作手回忆录》被美国金融界认为是大多数投资人必读之经典。

上篇
第十五节 《股票大作手回忆录》

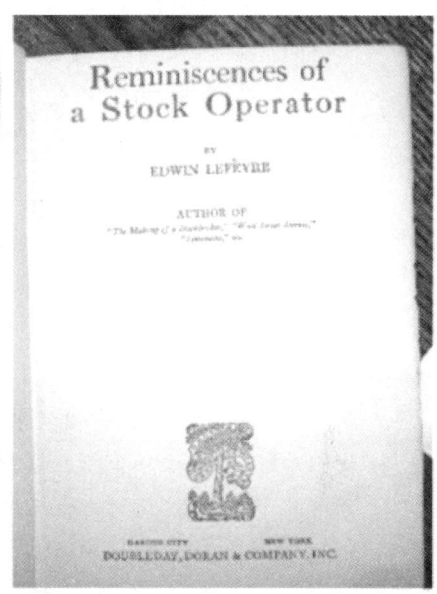

第一版《股票大作手回忆录》（乔治·多兰公司，1923年）

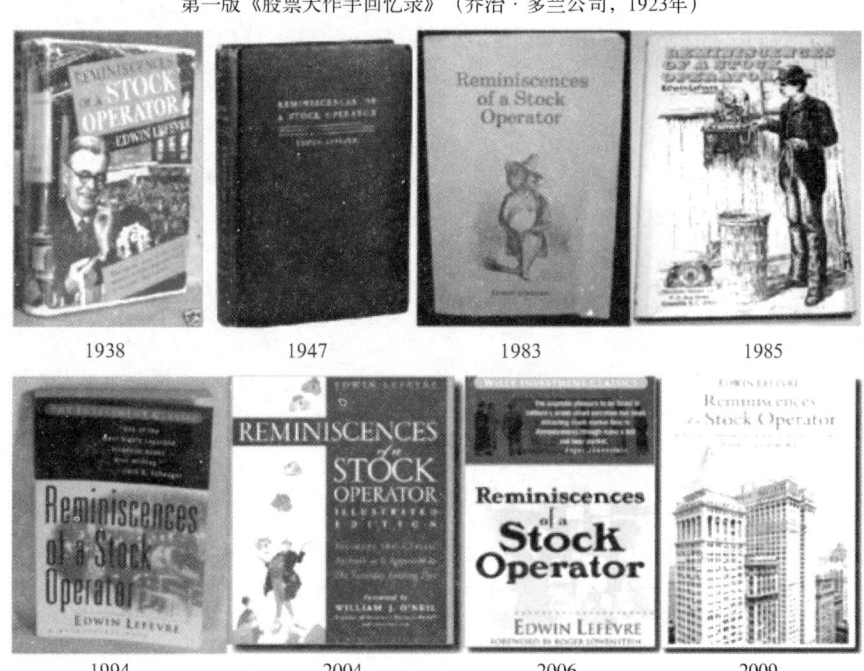

图片资料：各个时期出版的《股票大作手回忆录》（Reminiscences of a Stock Operator）。

著名投资家肯尼斯 L. 费希尔："历经 20 年的岁月沧桑,《股票大作手回忆录》仍是我一生最钟爱的图书之一。"

《金融怪杰》的作者杰克·施瓦格："在对当代最杰出的 30 位证券交易员的采访中,我向他们提出了同样一个问题——哪一本书对其最有启发?迄今为止,独占这榜单首位的,仍然是 70 多年前出版的伟大著作——《股票大作手回忆录》!"

股神"沃伦·巴菲特:"每次重读《股票大作手回忆录》都有新的收获。"

……

虽然《股票大作手回忆录》是一本传记小说,而且是在杰西·利弗莫尔中年的时候为他所写的传记,难免有添油加醋与阿谀奉承之嫌。并且此书只记录了杰西·利弗莫尔 45 岁之前的事迹,之后他人生更大的起落没有机会载入。但即便是这样,也无法掩盖这本书的光芒。近百年来,一代又一代市场中的交易者,通过阅读此书,从中学习金融操作所应秉持的态度、反应和感受。它会一直是投资界中的经典!

第十六节
新的办公室

1923年10月,杰西·利弗莫尔把办公室搬到了第五大道780号的赫克舍尔大厦,远离了华尔街的喧嚣。

图片资料:纽约第五大道上的赫克舍尔大厦(Heckscher building),1917年完工。照片摄于1925年。赫克舍尔大厦现在有一部分是波多黎克博物馆。

毕竟,人在江湖,身不由己。在市场中,交易者每天就会被动地受到各种铺天盖地小道消息干扰，像现在关于炒股的骚扰电话和短信一样，让人猝不及防。杰西·利弗莫尔知道自己需要一个完全不受打扰但又可以第一时间收到市场行情的新办公地点。毕竟，"华尔街独狼"是杰西·利弗莫尔众多绰号之一，他做交易一向独来独往。

赫克舍尔大厦离华尔街不算远，杰西·利弗莫尔把新的办公地点定在赫克舍尔大厦的顶层。他承包了整个楼顶，有自己的私人直达电梯；保镖全天在办公室的门口把守，一切闲杂人不经过他允许不得入内；他宽阔的办公室中有一整面墙是黑板，平时开盘时，会有四到六个年轻的行情书写员用最快的速度在黑板上写下股票和期货市场的最新报价，仅供他一人参考；他桌子有上三台直拨电话，分别直通伦敦证交所、巴黎证交所和芝加哥期货交易所。

现在一台能上网的电脑或者一个智能手机就能搞定的事情，在当时看来是多么的奢侈。让人不禁感叹科技发展的迅猛同时，还感叹交易依旧。无论硬件条件再好，市场也只有极少数人能真正赚到钱。

杰西·利弗莫尔的小儿子保罗·利弗莫尔，在学校放假的时候经常来他父亲的办公室打工，主要做行情书写员的工作。

多年以后，保罗·利弗莫尔回忆，有一天，他父亲杰西·利弗莫尔在办公室意味深长地给他说了下面一段话：

"保罗，你看那些黑板上跌宕起伏的报价像不像乐谱？它们有生命、有节奏、有心跳、有脉搏，构成一曲美妙的音乐；而行情报价员在黑板前忙碌的身影，像不像正为这美妙的音乐而起舞？"

这当然不是杰西·利弗莫尔喝多了，酒后产生了幻觉的醉话，而是一个伟大的交易者私底下告诉儿子自己眼中的市场是什么样的。

大哲学家尼采说过："那些听不到音乐的人，以为跳舞的人疯了。"

任何行业做到顶尖，都是艺术。

不知市场中有多少交易者能从枯燥的行情图表中看到"美妙"之处？有多少交易者能把交易做成一门艺术？也许大多数人看到的不过是自己的钞票正从口袋里朝外飞奔，把交易做成了对市场咒骂的回响。

第十七节
一亿美元

整个20世纪20年代,是杰西·利弗莫尔交易生涯的"黄金时期"。特别是在1929年10月,股市突然之间的暴跌,杰西·利弗莫尔趁机做空股市,使他从市场中赚到了人生盈利的巅峰——1亿美元。

1929年10月28日,世界经济史上著名的"黑色星期一",道琼斯工业指数下跌13%。接着第二天,1929年10月29日,世界经济史上著名的"黑色星期二",道琼斯工业指数下跌12%。综合统计仅两天就下跌了22%。注意,这里说的不是个股下跌,而是美国股市大盘跌了22%!这也是美国股票历史上最恐怖的跌幅。

而讽刺的是,在此之前,美国股市还处在一个长达七八年的大牛市里,道琼斯工业指数从70点左右开始上涨,到1929年9月3日甚至涨到了历史新高——386点。美国经济表面上处于前所未有的繁荣之中。美国人民万万不会想到,道琼斯工业指数在之后的短短3年之中,会跌得只剩41点,跌幅达到近90%!这种跌法,别说很多个股跌退市了,就连大盘都快跌退市了!

1929年10月的最后10天,集中了证券史上一连串著名的日子:

10月21日,纽约证券交易所开市即遭大笔抛售,全天抛售量高达600多万股,以致股市行情自动记录器到收盘1小时40分后才记录完最后一笔交易。

10月23日,形势继续恶化,《纽约时报》指数下跌31点。

再见股票大作手

图片资料：1929年10月29日"黑色星期二"当天报纸和聚集在华尔街的人们。

10月24日，这一天是股市灾难的开始，史上著名的"黑色星期四"。早晨刚刚开市，股价就如决堤之水轰然下泄，人们纷纷脱手股票，全天换手1289.5万股。纽约数家主要银行迅速组成"救市基金"，纽约证券交易所总裁理查德·韦尼亲自购入股票，希望力挽狂澜。但大厦将倾，独木难支。

10月25日，胡佛总统发表文告说："美国的基本企业，即商品的生产与分配，是立足于健全和繁荣的基础之上的"，力图以此刺激新一轮投资。然而，过了一个周末，一切挽救股市的努力都白费了。

10月28日，史称"黑色星期一"。当天，纽约时报指数下跌49点，道琼斯指数狂泻38.33点，日跌幅达13%，这一天，已经没有人再出面救市了。

10月29日，最黑暗的一天到来了。早晨10点钟，纽约证券交易所刚刚开市，猛烈的抛单就铺天盖地席卷而来，人人都在不计价格地抛售，经纪人被团团围住，交易大厅一片混乱。道琼斯指数一泻千里，至此，股价指数已从最高点386点跌至298点，跌幅达22%，《纽约时报》指数下跌41点。当天收市，股市创造了1641万股成交的历史最高纪录。一名交易员将这一天形容为纽约交易所112年历史上"最糟糕的一天"。这就是史上最著名的"黑色星期二"。

第十七节 一亿美元

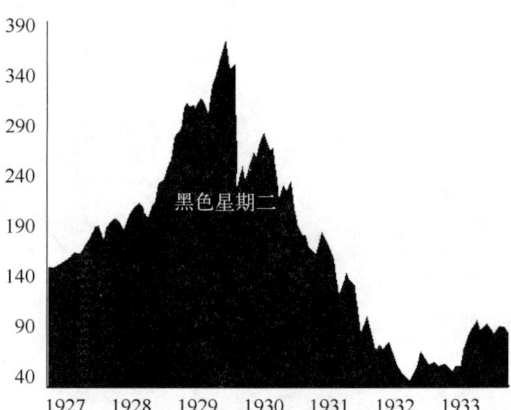

图片资料：1927 年至 1933 年美国股市走势（最高点：386 点，最低点：41 点）。

1929 年 11 月，股市跌势不止，滑至 198 点，跌幅高达 48%。

第二年，股市凭借残存的一丝牛气，在 1—3 月大幅反弹，并于 4 月重新登上 297 点。此后又急转直下，从 1930 年 5 月到 1932 年 11 月，股市连续出现了 6 次暴跌，道琼斯指数跌至 41 点。与股灾前相比，美国钢铁公司的股价由每股 262 美元跌至 21 美元。通用汽车公司从 92 美元跌至 7 美元。

在这场股灾中，数以千计的人跳楼自杀。欧文·费雪这位大经济学家几天之中损失了几百万美元，顷刻间倾家荡产，从此负债累累，直到 1947 年在穷困潦倒中去世。

图片资料：欧文·费雪（Irving Fisher, 1867—1947），1867 年 2 月 27 日生于纽约州的少格拉斯。1890 年开始在耶鲁大学任数学教师，1898 年获哲学博士学位。同年转任经济学教授直到 1935 年。1926 年开始在雷明顿·兰德公司任董事等职。1929 年，与 J. A 熊彼特、J. 丁伯根等发起并成立计量经济学会，1931—1933 年任该学会会长。1947 年 4 月 29 日卒于纽约市。

再见股票大作手

1929年的股市暴跌只是一把钥匙,它开启一扇大门,放出了美国历史上举世闻名的"大萧条"这只魔鬼!

图片资料:"大萧条"时期美国人民的生活照。

大萧条期间发生了遍及全美国的大饥荒和普遍营养不良,导致大量人口非正常死亡。最保守估计,至少有700万人死亡,约占当时美国的7%;约有200~400万中学生中途辍学;许多人忍受不了生理和心理的痛苦而自杀;社会治安日益恶化。其中最重要的问题是失业。在美国,失业人口总数达到了830万,在美国各城市,排队领救济食品的穷人长达几个街区。这次美国经济大萧条造成的灾难是美国历史上前所未有的"。

记录美国历史的《光荣与梦想》书中曾这样写道:"千百万人只因像畜生那样生活,才免于死亡。"这一情景描述的正是美国大萧条时期的民生状况。

更重要的是,由于美国在世界经济中占据着重要地位,其经济危机又引发了遍及整个资本主义世界的大萧条:5000万人失业,无数人流离失所,上千亿美元财富付诸东流,生产停滞,百业凋零。

第十七节 一亿美元

大萧条（The Great Depression）：1929—1933年之间发源于美国，并后来波及整个资本主义世界的经济危机，其中包括美国、英国、法国、德国和日本等资本主义国家。

还记得亚瑟·卡顿吗？

那个杰西·利弗莫尔的老对手。前面介绍过他与杰西·利弗莫尔的一次交手，最后以杰西·利弗莫尔逃跑而结束。在杰西·利弗莫尔交易生涯中，这个天才级别的交易大师，曾多次让杰西·利弗莫尔吃到苦头的"期市大牛"，被杰西·利弗莫尔视为一生的宿敌，他也没有逃过到1929年这场灾难。

由于突然之间来到的股灾波及到了商品期货市场，亚瑟·卡顿因为在期货市场持有大量多单而损失了5000万美元。而相反的是，杰西·利弗莫尔这只"股市大熊"在1929年做空股市，获利超过1亿美元。

两位天才，在1929年，截然不同的结局。

很多人会好奇，当时的1亿美元换算到现在是多少钱？

这个问题因为涉及因素太多，实在很难回答。

如果拿我国最偏爱的经济数据中GDP（国内生产总值）作为参考来换算：

1920年到1930年十年间美国GDP平均差不多是900亿美元；2007年到2017年十年间美国GDP平均差不多是18万亿美元。

那么，杰西·利弗莫尔当时赚取的1亿美元差不多相当于如今的200亿美元。

当然，仅以GDP为参照的算法，很多人不会认同。我们再以政府财政收入作为参考来换算：

1920年到1930年十年间美国政府财政收入平均差不多是42.5亿美元；2007年到2017年十年间美国政府财政收入平均差不多是3万亿美元。

那么，杰西·利弗莫尔当时赚取的1亿美元差不多相当于如今的706亿美金。

综合各种数据，目前比较普遍的看法是，当时的1亿美元相当于现在的500到1000亿美元。

不管怎么样，杰西·利弗莫尔是投机界的一个神话。在不做任何额外投资的情况下，仅仅单凭在市场中投机就赚取这么多钱的，杰西·利弗莫尔算是"前无古人"了。至于会不会"后无来者"，我们目前不敢断言。

另外，当时有很多不明事理的群众在1929年把股市暴跌的责任归结于杰西·利弗莫尔做空市场，这完全是荒谬的。他一个人的力量再大，也不可能让强大的市场出现如此剧烈的暴跌，而且在此之前大势还处于牛市。他最多只是在下跌的市场中雪上加霜那个角色而已。

1929年股市暴跌背后的原因是极其复杂的经济连锁反应，并不是某个单一的事件或者某一个人物所能造就的。简单来说，原因就是：泡沫吹大了，早晚要破的！出来混，早晚要还的！

第十八节 厄运不断

杰西·利弗莫尔刚度过自己辉煌的20世纪20年代,随之而来的20世纪30年代,他的人生像中了邪一样,急转直下。

1932年9月16日,杰西·利弗莫尔和桃乐茜·文特离婚,结束了他们14年的婚姻关系。

杰西·利弗莫尔虽然内心深爱着桃乐茜·文特,但他对美女没有抵抗力,情妇众多;而花心的杰西·利弗莫尔使桃乐茜·文特伤透了心,导致她长期借酒浇愁,最后酗酒成瘾。

图片资料:杰西·利弗莫尔的一生是热爱美女的一生。

照片是杰西·利弗莫尔和她的第三任妻子在一次聚会上。

有意思的是,就在他们两人被判正式离婚以后,桃乐茜·文特便和一个叫沃尔特·朗科普的男人在判决他们离婚的那个法庭当场宣布结婚，前后不过20分钟。给人感觉她就是在报复杰西·利弗莫尔。

确实，这一招很有效，离婚对感情脆弱的杰西·利弗莫尔打击很大，让他陷入了孤独和绝望之中。

是的，花心和感情脆弱其实并不矛盾，恰恰感情脆弱的人更花心。因为他没有安全感，他在不断找寻自己感情的彼岸。

桃乐茜·文特分到了大笔财产和两个儿子的抚养权，还获得了杰西·利弗莫尔精心为她挑选的股票组合，也许这是杰西·利弗莫尔最后能为她做的一点事情。

可是，为了再次气到杰西·利弗莫尔，她很快就把这些股票卖了出去，换成了债券。这些债券很快变得一文不值，而很多年后，那些股票组合却升值到了5000万美元。

在1933年6月22日，"永久"别墅因为桃乐茜·文特故意长期不缴税而被拍卖，只拍了16.8万美元。要知道，当时仅"永久"别墅那块地皮就价值135万美元，别墅内的古董家具是杰西·利弗莫尔当年花了数百万美元才收集来的，还有里面杂七杂八各种值钱的东西。杰西·利弗莫尔在报纸看到别墅被低价拍卖的消息之后，当时内心可能有一万匹马奔踏而过。

的确，感情受挫的女人是没有理智的。

杰西·利弗莫尔深深伤害了桃乐茜·文特，而恰恰桃乐茜·文特又很会报复杰西·利弗莫尔，其可谓是"一物降一物"，他们是命中注定的一对"大冤家"。

这都还不算什么。

1935年11月29日，美国的感恩节。桃乐茜·文特和他们的大儿子小杰西·利弗莫尔喝醉后发生了激烈的争执，桃乐茜·文特用枪打伤了小杰西·利弗莫尔。子弹射进了小杰西·利弗莫尔胸部，离心脏只差一点点，穿过肺卡在了脊椎附近。经过漫长抢救，直到1936年1月6日，小杰西·利弗莫尔才脱离生命危险。桃乐茜·文特打伤儿子后十分崩溃与自责，被法庭以"故意伤害罪"指控，并且不允许她探视儿子。这件事在当时引起了不小的社会轰动，各大报纸纷纷报道。

虽然最后桃乐茜·文特被无罪释放，但她失去了两个儿子的抚养权，内心也对小杰西·利弗莫尔产生了永远的内疚。而小杰西·利弗

第十八节 厄运不断

莫尔因此次悲剧留下了后遗症,脊椎有些弯曲,导致他二战招兵时,未能入伍。也许就是因为此事所带来的一系列心理创伤,他从此自暴自弃,沉迷于女人、酒精和毒品中。直至1975年,小杰西·利弗莫尔在家中开煤气后服用安眠药自杀。

虽然此次枪击事件是一起意外,但对于杰西·利弗莫尔来说,又是一个源于桃乐茜·文特给他的沉重打击。毕竟,母亲差点杀死儿子这种悲剧,放到任何家庭都是让人难以承受的。

图片资料:桃乐茜·文特在法庭被指控1935年11月29日在家中用致命的武器试图杀害自己的儿子,她脸色苍白,心烦意乱,不认罪。最后交了6000美元的保释金被释放出狱。

回头说说杰西·利弗莫尔这边。

1933年3月28日,杰西·利弗莫尔与桃乐茜·文特离婚以后不久,不知什么原因,他选择和一个叫哈里特·梅茨·诺贝尔的38岁的中年寡妇在日内瓦结婚。这完全不符合杰西·利弗莫尔平时对女人的审美标准。

哈里特·梅茨·诺贝尔是一个富家女,但这不是重点,重点是这个女人结过四次婚,而且四任丈夫都死了,全部是自杀!

资料图片:杰西·利弗莫尔与他的第三任妻子哈里特·梅茨·诺贝尔。照片拍摄于1934年他俩欧洲旅行时。

1933年12月19日，发生了一件怪事。杰西·利弗莫尔失踪了。发现杰西·利弗莫尔失踪后，他的家人报了警并且在报纸上刊登了寻人启事。

两天之后，杰西·利弗莫尔又自己回到了家中。他是看到报纸上的寻人启事才发现自己竟然失踪了。他对失踪后自己这段经历毫无记忆，只知道自己是在一个酒店中醒来，但脑子一片空白。

之后，医生诊断他为因为精神崩溃导致的暂时性的"失忆症"。也有可能是因为他过度酗酒导致的。

1934年3月7日，曾经身家超过1亿美元的杰西·利弗莫尔再次破产。没人知道在这5年中，他的交易或者投资都经历了什么，他也绝口不提。对于杰西·利弗莫尔是如何在这么短的时间内，把那么一大笔巨款败光的，至今是一个谜。让人不禁唏嘘，他是一流的赚钱大师，更是一流的赔钱大师。

虽然杰西·利弗莫尔破产了，但他还有家庭基金，足以应对他生活的开支。1934年12月1日，杰西·利弗莫尔和他的妻子哈里特·梅茨·诺贝尔开始了欧洲的旅行，按照他自己的说法，他除了旅行之外，顺便去了解一下欧洲的商品期货市场，为自己再一次的东山再起做好准备。

第十九节
谢　幕

这一次杰西·利弗莫尔没能在市场中创造起死回生的神话。

虽然之后的几年中，他依旧在交易，但没有什么成绩。也可以这样说，他似乎注意力根本不在交易上，对交易没有了当初的热情。整个人像一个行尸走肉一样，意志消沉。

1939年，他的大儿子小杰西·利弗莫尔来看望他，建议他写一本书，教大家如何炒股。这让杰西·利弗莫尔的生活有了新的目标。次年，杰西·利弗莫尔此生唯一自己写的著作，也是他的毕生交易的心血总结——《如何交易股票》(英文名：《How to Trade in Stocks》)出版。国内借助《股票大作手回忆录》销售上的成功，将其翻译成《股票大作手操盘术》。必须承认，《如何交易股票》这个书名确实太简单粗暴，没有《股票大作手操盘术》的书名显得"高大上"。

图片资料：杰西·利弗莫尔所著的《How to Trade in Stocks》，1940年，第一版。如今拍卖价价格至少为5000美元。

但是，《股票大作手操盘术》在当时卖得并不好。

一个原因是，杰西·利弗莫尔已经过气了。他只是一个曾经创造过奇迹，但现在已经破产的华尔街众多交易者中的一员。再一个原因是，当时国家刚刚经历"大萧条"，并且第二次世界大战在即，人们的注意力并不在走势低迷的股市中。最重要的原因是，杰西·利弗莫尔在他书中公开自己的交易方法，在当时看来过于"新颖"，大多数人对此根本无法接受，也充满争议。

1940年11月27日，杰西·利弗莫尔和他的妻子哈里特·梅茨·诺贝尔在他最喜欢的"鹳鸟俱乐部"用餐，还接受了记者的拍照。

图片资料：1940年11月27日，杰西·利弗莫尔和他的妻子哈里特·梅茨·诺贝尔在他最喜欢的"鹳鸟俱乐部"用餐照。这是他生前最后一组照之一，照片上的杰西·利弗莫尔目光呆滞，面色苍白。

但就在第二天下午5点33分，杰西·利弗莫尔走出荷兰雪梨酒店的酒吧，进入酒店洗手间前面的衣帽间，关上衣帽间的大门，拿出一把32口径自动小手枪顶住自己的右耳后，扣动扳机，用一颗子弹亲手结束了自己的生命。

一代华尔街传奇——杰西·利弗莫尔，用自杀的方式离开了这个他曾经又爱又厌恶的世界，享年63岁。

警方在杰西·利弗莫尔口袋里发现了他的私人小记事本，上面有八页他写给他妻子的"遗书"。其中大多数句子语无伦次，翻来覆去，内容充满绝望和孤独。遗书中最著名的的那句话是：

"我的一生就是一场失败！"

上篇 第十九节 谢幕

图片资料：(左)位于纽约第五大道的荷兰雪梨酒店(The Sherry Netherland)，杰西·利弗莫尔在此自杀；(右)小杰西·利弗莫尔当天抵达荷兰雪梨酒店为他父亲"认尸"，确认自杀者是他父亲后，他崩溃了。

图片资料：杰西·利弗莫尔之墓。

第二十节
事出有因

关于杰西·利弗莫尔自杀的原因，大家一直都很感兴趣，长期以来也众说纷纭。本书作者在此想聊聊自己的一些点看法。

第一种自杀原因：穷困潦倒。

其实这种说法是不太了解杰西·利弗莫尔的人杜撰出来的，但也算流传最广的。前面说过，杰西·利弗莫尔很早以前就购买了巨额家庭基金，可谓是衣食无忧。以至于在他死后，家庭基金一直维持着他前妻桃乐茜·文特以及他大儿子的挥霍，直至他们几十年后去世。并且，就算没有家庭基金，别忘了杰西·利弗莫尔的最后一任妻子哈里特·梅茨·诺贝尔是一个"富二代"，在杰西·利弗莫尔最后一次破产之后，他还拿出10万美元给杰西·利弗莫尔继续做交易。所以，杰西·利弗莫尔在生活上根本没有任何经济问题。

第二种自杀原因：最后一次破产。

杰西·利弗莫尔在1934年如何亏掉他1亿美元的身家，已经无从考证了。有一种说法是，虽然当时他做空市场账面上确实赚了这么多钱，但是由于当时国家经济处于危难时期，政府出面干预等原因，他只能把大部分赚到的钱返还给市场，本身并没有得到1亿美元那么多。而且据说之后几年间，他多项生意投资失败，损失大概有3000万美元。

但无论如何，经历过多次破产的杰西·利弗莫尔也应该不会因为这次破产就会去自杀。他这个级别的交易者，早已把交易的成败看得

上篇　第二十节　事出有因

很淡了。并且，之后他也一直在做交易交易，只不过由于心力交瘁，成绩不太理想。

第三种自杀原因：第三任妻子。

前面提到杰西·利弗莫尔的第三任妻子哈里特·梅茨·诺贝尔之前有四个丈夫，但都自杀了。按照中国老人家的说法就是，这个女人"克夫"！并且还是少有的特别能"克夫"的那种！

当然，不知道外国人忌不忌讳这个，但这里我们也就不宣扬封建迷信了。

倒是小杰西·利弗莫尔在回忆中提到过，哈里特·梅茨·诺贝尔是一个相当消极的人，说她就是用这种消极吞噬了他的父亲。

也许，他的五个丈夫都死于自杀，并不完全是巧合。哈里特·梅茨·诺贝尔的性格确实多少都对他们有影响。

第四种自杀原因：抑郁症。

作者十分赞同这种观点。懂得一些心理学常识的人都不难看出，"抑郁"两个字始终贯穿着杰西·利弗莫尔的一生。特别是他人生的后期，毫不夸张地说，他已经属于严重的抑郁症患者了。

首先，抑郁症是如何患上的？

按照精神分析的说法，患上抑郁症的原因之一，就是不断的自我攻击。说通俗点，就是不断地自责。发生任何不好的事情，都喜欢从自身找原因，并且怪罪自己。

不知道大家记不记得，前面提到的杰西·利弗莫尔不仅是一个沉默寡言的人，而且从一开始做交易，他无论遇到什么样的挫折，都习惯于从自己身找原因。哪怕他面对"棉花大王"的花言巧语，导致亏得一无所有，他都处于一个"自省"的状态中。这种"自省"一般情况下，是一种好事，能在学习的过程中不断自我完善。但很少有人看到，这种"自省"是一把双刃剑。

绝大多数人，遇到困难，多多少少会朝外界寻找原因，这其实是人的一种自我保护的本能，让自己不用承担那么大的压力，身心也不会那么疲惫。

这世界上很少有人遇事，把所有的责任主动都往自己身上揽的。但杰西·利弗莫尔却是这样的人。在外人看来，这是一种高风亮节的行为。但其实这种人是不会保护自己的人，他丧失了这部分自我保护的本能。他只了解到万事从自己身上找原因的好处，而不知道它的弊端。

自省和做大多数事情一样，要有节制。

人的内心空间是有限的，如果不断往里面加入"自省"，而无处发泄不满，"自省"也会累计成满满的"负能量"。长此以往，一个人在不断地自我攻击中生活，"自省"反而演变成了"自虐"。到最后，再坚强的人也会丧失自信，变得消沉，继而引发抑郁。

然后，大家要注意，抑郁是什么？

说简单点，抑郁是一种对什么都提不起兴趣的状态。当然，对什么都提不起兴趣不代表抑郁症，抑郁离抑郁症还差得很远。抑郁状态每个人基本都会有，但都只是短期的，这种情况不属于抑郁症，也许只是无聊。

那人什么时候容易产生抑郁？一般是两种情况，一无所有和什么都有。而且，往往后者比前者产生抑郁的概率要大得多。因为人一无所有的时候，更多的是想着追求；而什么都有了，人生往往就没有目标了。所以，有人说抑郁症是"富贵病"，是很有道理的。抑郁症目前在发达国家人数急剧上升，而在贫穷落后的国家，很多人饭都吃不饱，哪有工夫抑郁，更多的是焦虑！

记得多年前有一个新闻报道，说国外有个年轻人中了彩票大奖，但是几年后他就患上抑郁症自杀。他生前就说自己该拥有的都拥有了，该享受的都享受了，后面觉得人生越来越没有意思。

我们回头看看杰西·利弗莫尔，他的人生更加复杂，他多次在"一无所有"和"什么都有"两种状态中徘徊，像坐过山车一样上下。

投机市场的杠杆效应，放大的不完全是账户的资金和风险，更是人生的成败得失。一个人用5倍的杠杆，他就承受了常人5倍的痛苦和喜悦，绝望和幸福。用10倍的杠杆，他就承受了常人10倍的痛苦和喜悦，绝望和幸福。所以说，利弗莫尔的股票、期货生涯，既是浓缩的人生，更是放大的人生。很多时候，那种铭心刻骨的无助和孤独

第二十节 事出有因

感,是一般人无法完全体会到的。

特别是他在 1929 年,盈利超过 1 亿美元的时候,在旁人看来,他是多么的成功。而对于杰西·利弗莫尔这个视交易如生命的人来说,短暂的开心之后,也许就是无限的空虚。这让我想起有一首歌叫《无敌是多么的寂寞》。

在精神分析中有一种说法,人其实是害怕取得巨大成功的,人的潜意识会阻止这种巨大成功的发生。因为巨大的成功背后有着巨大的惩罚,人阻止巨大的成功是在进行自我的保护。

不知道有多少人同意这种观点。就像王尔德说的:"人生只有两种悲剧:一种是得不到想要的;另一种是得到了。"也许巨大成功背后的惩罚就是王尔德说的后者吧。

交易就像人生,到头来,体验过程才是最重要的。杰西·利弗莫尔毕生所追求的交易达到了一个顶峰,突然人生没有了追求,没有了目标,他自然会抑郁。哪怕他之后又一无所有,他也没有信心能重新来过。毕竟,他曾经达到那样的高度,你让他再次挑战,他也没有多大的兴趣和动力了。就像以前一直坐私人飞机的人,突然有一天让他重新从拉黄包车开始奋斗,他更可能是选择放弃。

从另一个角度来说,一个人一辈子如果只做这样一件单调的事:比如把一堆散落在地上的砖砌成墙,然后,又把砌好了的墙重新推倒,再把它砌成墙,这样无数次地重复。长此以往,即使是一个意志力极为坚强的人,也会对生命产生一种厌倦,进入一种绝望的境地。

当然,仅仅是因为投机事业产生的厌倦和绝望,对杰西·利弗莫尔这样在市场中摸爬滚打近 50 年的人,不一定就会选择自杀。毕竟,对于一个清醒的人来说,自杀需要的勇气,比想象中的要多得多。但对于患上严重抑郁症的人来说,自杀甚至是一种解脱。

杰西·利弗莫尔的私人生活很糟糕,这也是他患上严重抑郁症的重要原因。

大家不难发现,他在与自己最爱的妻子桃乐茜·文特离婚之后,生活就出了很大的问题。当然,桃乐茜·文特也因爱生恨,不断报复杰西·利弗莫尔。特别是他的大儿子小杰西·利弗莫尔差点被他的亲生母亲桃乐茜·文特用枪打死这件事,对杰西·利弗莫尔刺激很大。

以他的性格，总是把原因归咎自己，肯定是不断地追究自己的责任，认为如果当初他对桃乐茜·文特好一点，他们就不至于离婚，继而发生后面的事情，使得他长期处于悔恨之中。

而且上面提到的杰西·利弗莫尔最后一任妻子，也是一个奇葩！她性格上应该有一些不为人所知的特性或者说是缺陷。至少像小杰西·利弗莫尔说的那样，极度的消极。这对长期忍受着抑郁折磨的杰西·利弗莫尔，更是雪上加霜，也无意中把他渐渐地推向了死神的方向。

当然，还有他自己那本遗作——《股票大作手操盘术》。

在杰西·利弗莫尔人生最后阶段，他交易处在极度低迷的状态，完成这本书就是他当时生活的主要动力。这就像在黑暗中行走的人，看到前面出现了一道光，他努力朝光奔去。

杰西·利弗莫尔对这本书抱有很大期望，当时他还邀请了一些著名作家和评论家一起就餐以推销他的这本书。可还是销售惨淡，他的交易技术和经验在当时得不到外界的认可。大家知道，杰西·利弗莫尔的一生是交易的一生，他把自己一生的心血写成书却得不到大众的认可，似乎就等于自己的一生被否定了。也许正像他遗书中所写："我的一生就是一场失败。"

尼采说："一个人知道自己为什么而活，就可以忍受任何一种生活。"而对患上抑郁症的杰西·利弗莫尔来说，他自杀的原因大概就是已经不知道自己为什么而活了，他更不能忍受自己的生活！

最后，比较现实的一点。在杰西·利弗莫尔那个时代，抑郁症并没有行之有效的治疗办法，很多人也根本没有意识到这种病的存在。甚至有一部分抑郁症患者被当成了医学发展进程中的小白鼠，被当时的精神科医生用电击进行治疗，后来发现这不仅这没用，很多患者的脑子还被电坏了。

幸运的是，如今的医学对抑郁症已经有了比较系统的治疗方案和控制的药物，抑郁症也得到了全世界的关注。在生活条件越来越好的国家，患抑郁症的人数也越来越多。而很多抑郁症的患者害怕丢脸，认为抑郁症就是一种精神病，而没有去及时治疗，最后病情拖延的很重。

第二十节　事出有因

抑郁症说白了，就是通过不断地自我攻击，渐渐瓦解人类与生俱来的自我保护的能力，是一种精神上的自我摧毁。大家要知道，每一个人天生都有自我保护的能力，世上不存在完全没有自我保护能力的人。因为完全不会自我保护的人，就像杰西·利弗莫尔那样，已经去到另外一个世界了。

下 篇
传世的经典
——用图表还原股票大作手的操盘技术

所谓经典，大概就是无论何时拾起，
都还是能够直击内心深处！
——向杰西·利弗莫尔亲笔著作
《股票大作手操盘术》致敬

直到 1940 年出版《股票大作手操盘术》之前，杰西·利弗莫尔对他的交易技术都秘而不宣。如今，"歪门邪道"的技术除外，只要正经学过一些技术分析的人，多少都知道"突破法"。"突破法"是现在市场中十分普遍的一种操作方法，也是杰西·利弗莫尔操盘技术的核心。

但是，在杰西·利弗莫尔的那个年代，运用这种方法做交易的人少之又少，被视为"异类"。对其《股票大作手操盘术》书中技术的巨大争议，也是导致当时此书销量惨淡的主要原因。

因为，以人们正常的思维习惯，股票就应该"低买高卖"。但是"突破法"却是一种在相对高价位买进，在相对更高价位卖出的操作方法。

真正的金子，总是被沙子掩埋，以至于多数人在寻找金子的过程中，常常让沙子迷了眼。

经过杰西·利弗莫尔之后无数人的努力，如今多数交易者都已经明白，恰恰这种看似"无厘头"和"反人类"的操作方法，却是顺势而为思想的集大成者。

这套操作方法，是一代股票大作手——杰西·利弗莫尔在市场中穷其一生独立思考和实践检验的结果。但当时由于条件所限，他仅仅是用文字记录在自己的那本《股票大作手操盘术》之中，使此后很多读者不甚了了。

如今，为了使之能更清晰地呈现在大家面前，以下用简明的图表还原其中关于杰西·利弗莫尔对自己操作方法的论述，希望大家能从中有所收获。

第一节
漫谈语录

1. 杰西·利弗莫尔："投机，是全天下最有魅力的游戏。但是，这个游戏愚蠢的人不能玩，懒得动脑子的人不能玩，心智不健全的人不能玩，妄想一夜暴富的人更不能玩。否则，他们的一生都将穷困潦倒。"

《股票大作手操盘术》整本书第一段话杰西·利弗莫尔就做出了严肃的警告。我们可以把这段话看成一个对所有交易者的警示标语，但愿有关部门能把它挂在交易所的门前，也许这样就不会有那么多人亏得倾家荡产了。

注意：愚蠢、懒得动脑子、心智不健全、妄想一夜暴富的人禁止交易

但是这只是一个天真的梦想了。现实中，似乎恰恰正是这些愚蠢、懒得动脑子、心智不健全、妄想一夜暴富的人，才是市场的中坚力量。越不让他们交易，他们偏要交易，谁劝谁就是在挡他们的财路，他们就跟谁急！反正他们是不撞南墙不回头，不见棺材不落泪！

2. 杰西·利弗莫尔："任何有意从事投机的人都应该将投机视为一项事业，而不是当成单纯的赌博。"

很多人到市场中是来碰运气的，把神圣的交易和买彩票、打牌甚至算命归为一类事情。

当然，这里没有歧视这些行业的意思。毕竟，作者确实看到有些彩民在买彩票前，他们也会拿支笔和本子，假装正儿八经的推算一下，他们也把买彩票当成十分神圣的事情去做。那么，无论外人是否能理解，反正，首先他们态度是端正的，就值得表扬！其次，该劝就劝，劝不住也没有办法。

但是，做交易更像是做生意，是一份事业。运气的成分有，但不是主要因素。做交易和做生意一样要投入，都有风险。但没有人做生意会完全抱着碰运气的心态去做，就像不会有人随便在墓园门口找个门面开家婚庆公司，拿着自己的血汗钱打水漂。

可是，在市场中，很多人拿着省吃俭用存下来的钱随意挥霍。有的人就因为听了别人一句话就全仓买入，有的人甚至跟着自己的感觉买卖。敢问换成现实中做生意，谁会如此草率呢？再土豪的老板，投资一个项目前，也要三思而后行吧。

3. 杰西·利弗莫尔："有的时候，我们可以从股票市场投资或投机中获利，但是你不可能一年到头都在市场中做交易，并且每天都能赚到钱。只有那些有勇无谋的人才想这样做。这种事本来就是不可能的，永远不要做这种梦。"

这段话让人不禁想起，在这个市场中有一群所谓的"日内超短线交易者"。当然，在期货或者外汇市场，日内交易也很正常。但这些"日内超短线交易者"的口号是每天赚个百分之一二就走，看上去挺知足常乐。但是仔细一想，就会发现不对劲，像传销组织在洗脑。每天都要在这个市场赚到钱是什么概念？每天百分之一二又是什么概念？长年累月将是一个天文数字，世界首富舍你其谁？毕竟银行一年定期利率现在也 1.5%。

杰西·利弗莫尔也说了，永远不要做这种梦！

4. 杰西·利弗莫尔："看法千错万错，市场永远不错。对投资者或投机者来说，除非市场按照你的个人看法变化，否则个人看法一文不值。"

面对未知，预测是人类的天性。但是在未知的市场中，每天对于后市的看法满天飞，从有了资本市场以来，这种现象就从来没有停止过。聊聊对后市的看法，是打发时间缓解焦虑的好办法。就像追星族们喜欢聊明星的八卦一样。

但是，聊归聊，大家心中一定要清楚，千万不能当真，认真你就会输！因为，市场不会根据某个人的看法去运行，哪怕谁预测对了，也只是碰巧，给他鼓个小掌，让他得意，也就翻篇了。人生众多小消遣之一。

最后，让我们把杰西·利弗莫尔这句话，献给天下所有叽叽歪歪在公开场合预测市场，误导无数投资者的"股评"们，也祝他们早日一文不值！

5. 杰西·利弗莫尔："利润总是能自己照顾自己，而亏损永远不会自己了结。"

华尔街那句老话：截断亏损，让利润奔跑！

可是那么多智慧与勤劳的投资者来到市场，有一点利润就赶紧跑，生怕到手的利润飞走了；亏损时就死抱着不放，以为市场只是和他们开个玩笑，马上还会把钱如数返还的。

他们交易的策略说白了就是，用无限亏损的可能去博取那点有限的利润。我们的投资者永远都是这样无私而又伟大！

6. 杰西·利弗莫尔："小心保护账户里的钱，绝不允许亏损大到威胁今后操作的程度。投资者必须对一开始的小额亏损进行止损，以免给自己带去更大的损失。只有这样才能把自己的账户维持在最好的状态，最大程度的保存实力。"

杰西·利弗莫尔的止损原则：亏损最多不超过投入资金的10%。

因为如果亏损太大，回本的难度就会加大。在实际交易中，亏损50%，想要回本就必须赚100%。而亏损10%，回本只需要赚11%。"留得青山在，不怕没柴烧"，这就是杰西·利弗莫尔止损的智慧。

7. 杰西·利弗莫尔："以我的经验来看，在投机中真正能赚到钱的，都是来自那些一开始就能保持盈利的交易。"

这句话是杰西·利弗莫尔的经验之谈。万事开头难，好的开始是成功的一半。特别是趋势行情，如果一段趋势行情真的形成了，那么你的账面上一开始就会逐渐有增长的利润。如果进场以后，账面上一直没有什么盈利，或者干脆就处于不断亏损的状态，那这个时候就一定要小心了，注意止损。因为，很可能这段趋势是"早产"的，甚至是"流产"的。

8. 杰西·利弗莫尔："仅仅是因为投机（止损）而亏掉的资金，与那些所谓的（价值）投资者随波逐流所造成的巨大损失相比起来，不过是小巫见大巫。在我看来，所谓的（价值）投资者才是不折不扣的大赌徒。他们下注之后，一押到底，假如赌错了，就输个精光。"

在杰西·利弗莫尔看来，所谓的"价值投资"是可笑的。那些"价值投资者"认为杰西·利弗莫尔这种在市场中见风使舵的投机者是赌徒。而杰西·利弗莫尔反驳那些"价值投资者"才是真正的赌徒。因为杰西·利弗莫尔的投机是必须止损的，是秉承"以小博大"的交易原则。而那些"价值投资者"常常不止损，一只股票长期持有，哪怕这只股票已经由盛变衰了，他们还在持有，并且还相信它有一天会涨回来的。好像自己买的股票，哪怕跪着也要拿到底一样。

在杰西·利弗莫尔的投资生涯中，他看到过太多当初基本面很好的"价值投资型股票"，甚至有些是当时公认的比存在银行还安全的股票，但多年以后跌得一文不值，甚至有些跌退市了。

他也举了几只这样股票的例子。

纽黑文和哈特福德铁路公司：
1902 年 4 月 28 日，股价 255 美元。
1940 年 1 月 2 日，股价 0.5 美元。

密尔沃基和圣保罗公司：
1906 年 12 月，股价 199.62 美元。
1940 年 1 月 5 日，股价 0.25 美元。

芝加哥西北公司：
1906 年 1 月，股价 240 美元。
1940 年 1 月 2 日，股价 0.31 美元。

大北方铁路公司：
1906 年 2 月 9 日，股价 348 美元。
1940 年 1 月 2 日，股价 25.62 美元。

9. 杰西·利弗莫尔："当一只股票开始下跌时，没有人能预测它会跌多深。同样，一只股票开始上涨时，没有人能预测它能涨多高。

绝对不要因为某只股票涨得太高而卖掉它。反之，也不要因为某只股票跌得太低而买进它。"

做交易要懂得尊重趋势，趋势到哪儿股票就持有到哪儿。切忌"抄底摸顶"。"抄底摸顶"看似高明，其实只是自作聪明。以为自己能在最低价位买入，在最高价卖出，市场能围着自己转。整天尽想好事！

在一只股票不断下跌的时候去抄底买入，在一只股票不断上涨的时候摸顶卖出，明显就是不把趋势放在眼里。遇到大的下跌趋势行情，股票可以跌得你怀疑人生；同样，遇到大的上涨趋势行情，也可以涨得你目瞪口呆。"抄底摸顶"的本质就是在预测市场。预测市场的人早晚都会输的倾家荡产。

从另一个方面说，股价长得太高就要卖出，是因为人性自然产生的恐惧；股价跌得太低想买进，是因为人性自然产生的贪婪。这很正常，正常的人就是如此。

但成功的投机者是反人性的。这就是为什么在市场中只有少数人能赚到钱，就是因为只有少数人是反人性的"不正常人类"。沃伦·巴菲特："在别人贪婪的时候恐惧，在别人恐惧的时候贪婪。"说的就是成功的交易要和人性对着干！

当然，反人性不代表没人性，没人性的是畜生，这点大家千万不能混淆。

10. 杰西·利弗莫尔："如果第一笔交易已经处于亏损状态，就不能因为摊低成本而加码。请一定要铭记这一点。"

如果说做交易的时候不止损是愚蠢的行为，那么在亏损的时候，不但不止损，还加仓，那绝对是"愚蠢行为"的 N 次方！

亏损追加筹码，是试图在账面上摊平成本，以达到自欺欺人的目的。自古以来，市场中无数"英雄豪杰"，最后亏得爆仓跳楼的，往往都是因为一开始在事后看来的一点微不足道的亏损导致的。不及时止损，反而越亏越加码，最后恰巧遇到一波与自己交易方向相反的趋势行情，把针眼大的窟窿捅成了陨石坑。

大家应该都知道，鸵鸟是一种屁股大脑仁小，智商极低的鸟类。它遇到危险的状况时，就把头埋进沙子里，以为自己眼睛看不到，危险就不存在了。

亏损加仓的行为何尝不是如此掩耳盗铃，甚至还有过之而无不及。遇到亏损关掉账户不看的，是碰到危险把头埋进沙子里的鸵鸟；遇到亏损还加仓的，是碰到危险还把头主动伸过去的"傻鸟"！

敢于面对和斩断亏损，是一个合格交易者的基本素质。一个人连这点现实都不敢面对，还做什么交易？做鸵鸟都不够格！

11. 杰西·利弗莫尔："小规模的回调现象是十分正常的，永远不要担心这样的自然回撤。然而，一定要小心那些不正常的走势。"

第一节　漫谈语录

大家知道，一段正常的上升趋势，是一波接着一波向上递增。反之，一段正常的下降趋势，是一波接着一波向下递减。所以，以上升趋势为例，如 2-1 图所示，在其上升的过程中有一定程度的下跌回调是正常的现象，这也叫自然回撤。就像平时我们站在原地朝高处跳之前，先要双膝下蹲蓄力一样，上升趋势中的自然回撤就是下蹲蓄力的那个动作，为的是涨得更高。所以大家不用担心自然回撤。

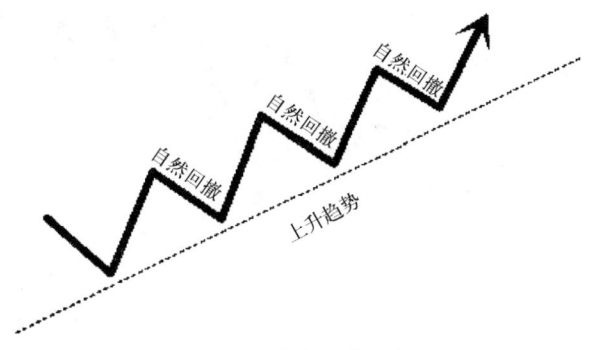

图 2-1　正常的上升趋势

杰西·利弗莫尔说的那些需要小心的不正常的走势，在上升趋势中，理论上可以分为有两种。

一种是急涨。如 2-2 图所示，就是在一段上升趋势中一波不回调的大涨。新手很喜欢这样的涨势，可是谁见过跳高的人膝盖不弯，直挺挺的一直往上蹦的？又不是港台老电视剧里面的僵尸！往往这样的加速走势是到了行情的末期，属于强弩之末，最好保持警惕，以免物极必反。稍发觉有不对就尽快落袋为安，安全第一，不要太贪。

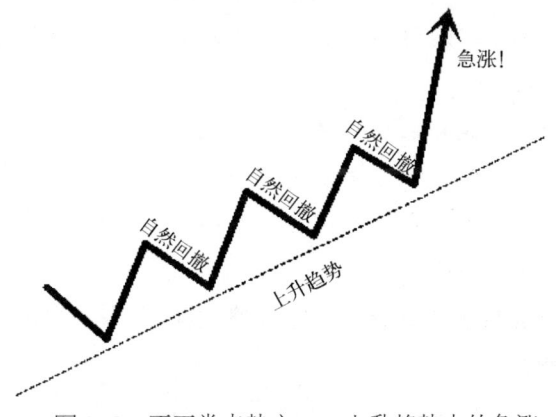

图 2-2　不正常走势之一：上升趋势中的急涨

另一种是急跌。如 2-3 图所示，就是在一段上升趋势中，突然的反转急跌，这更是要警惕。这个时候不要手软，先了结头寸，出场观望。毕竟，原本明明是跳高之前下蹲蓄力，但在蹲下去的时候突然直接瘫倒地上了，你说怕不怕？

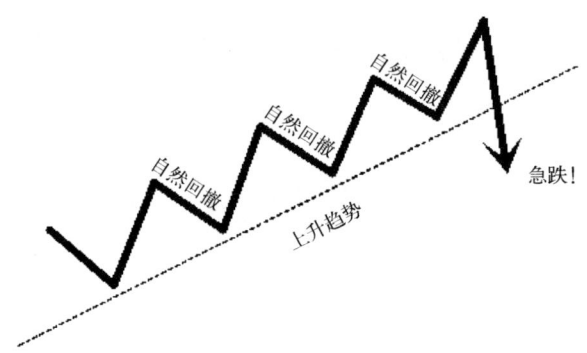

图 2-3　不正常走势之二：上升趋势中的急跌

12. **杰西·利弗莫尔**："我正在一条火车轨道上行走，看到一列火车正以每小时 60 英里的速度朝我冲过来，我会赶紧跳出轨道，让火车先过去，不会傻到站在原地不动。等火车过去之后，只要我愿意，我可以随时再回到轨道上。"

这段话是一位投机的前辈对杰西·利弗莫尔说的，使他终身难忘。话语中那条火车轨道好像就是一段市场正常运行的趋势，人在上面正常行走，没有问题。可是当见到前面有火车朝自己开来，也就是出现感觉到危险的时候，是个正常人都不会还继续呆在轨道上了，除非是想卧轨自杀。

这个道理说起来谁都懂。可是在市场中，就是有很多人不知道躲避危险，非要留在原地和火车正面怼。甚至有很多人明明是赚着钱的，可是由于趋势发生了转变，他不重视，最后账户不但利润全部消失，还出现了亏损。

下面这幅华尔街老漫画应该特别能讽刺那些不会躲避市场危险信号的交易者。

连一旁农夫都已经看到了危险的来到，而很多交易者还躺在轨道上。不知道这些人是不是擅于研究基本面的"价值投资者"。

13. 杰西·利弗莫尔："那些整天都想在市场小波动中获利，甚至不愿意放弃任何一次微小的赚钱机会的投机者，永远不可能抓住下一轮的大行情机会赚上大钱。"

这段话表面上是杰西·利弗莫尔在说做短线或者日内交易的人目光短浅。其实涉及到了一个比较专业的交易系统的问题。

简单来说，假如一套短线的趋势交易系统是以分钟或者小时作为时间参照周期，而另一套中长线的趋势交易系统是以日或者周作为时间参照周期，那么它们之间必然会产生冲突。

比如，在同一个标的和同一时间段，短线的趋势交易系统是处于一段分钟或者小时级别的下降趋势中，而中长线的趋势交易系统却是处于一段日或者周级别的上升趋势中。你如何做？是按照短线的趋势交易系统做空？还是按照中长线的趋势交易系统做多？你总要顾及一个方向。当然，有人说自己是高手，可以在同时兼顾两个方向，短线开空单，但长线却持有的是多单。这样做其实也是承受了双倍的风险，一般的交易者并不建议这样操作。短线做对了还好，对冲掉了中长线上涨回调中的损失；但短线做错了的话，就等于把中长线的多单的利润也白白抵消掉了，到头来发现是在自作聪明。重要的是，若自己不是比较专业的交易者，操作的思路很容易被打乱。

杰西·利弗莫尔在刚刚开始做交易的时候，在对赌店中就是做短线甚至日内交易，后来到正规交易所，慢慢就转变成了中长线交易。

所以，一个交易者坚持一套交易系统，是比较容易执行的。也足够了，贪多嚼不烂。短线没有办法拿到中长线的利润，而中长线也要放弃短期的小趋势波动。这些都是你所选择的交易系统所要付出的代价。没有交易系统能面面俱到。所谓的面面俱到，就是哪个方面都不行。

杰西·利弗莫尔是大手笔赚大钱的交易风格，所以他选择中长线的趋势。他说的没有错，做短线的人是不可能抓住大行情的，因为大行情的回撤力度对于短线来说实在太大，大行情的时间对于短线来说也实在太漫长。这就像中国古代神话故事中说的，天上一天，地上一年。天上的神仙过一天，地上的人就过了一年。做短线的人就像地上的人，对他们来说，天上的"神仙"做的长线实在难熬！股票好不易容涨几天，一个回调利润就全不见了。总的来说，短线是小打小闹，中长线是大开大合。

但杰西·利弗莫尔一直鼓励大家做中长线的主要原因，是因为中长线的趋势走的比较稳定，只要有耐心，就容易赚钱。而短线的趋势稳定性较差，操作的难度大。别看运气好的时候一天能赚很多，同样运气背的时候一天也能亏很多。甚至忙忙碌碌很多年，到头来都是给交易所交手续费了，自己一分钱没赚到手上不说，还亏了不少。

这里还有一个普遍的现象，一般一开始做短线还不错的人，慢慢都会转去做中长线。而一般一开始做中长线的还不错人，很少转去做短线。除非是中长线没做好，又去短线找出路，但往往更失败。

不过，做短线是一个快速学习交易的好方法，机会更多，频率更快，对操作要求更高。

相对短线，中长线就是慢动作。不过，慢动作不代表就容易，反

第一节 漫谈语录

而更难。太极拳也是慢动作，很多花拳绣腿几年就学会了，但想要打好太极拳，也许要花上一辈子。太极拳的境界不是表面的那一套招式，而更多的是在于内心的修行。想做好的交易——"慢即是快"。

14. 杰西·利弗莫尔："每年只有屈指可数的几次机会，可能只是四五次，才准许自己进场交易。其他时间，你必须在场外观望，耐心等待市场慢慢酝酿下一次的大行情。"

从中长线的角度来说，市场给的机会确实是有限的，一年到头甚至四五次都没有。毕竟，要等待一波大趋势，赚取大钱，是没有那么容易的事情。大趋势的形成，就像建筑一座雄伟的大厦，光是打地基就费时费力，更不用说修建时需要投入的资金规模。杰西·利弗莫尔深知这一点。

可是，对大多数交易者来说，等待交易机会的出现是最难熬的。每天不仅要坚持看盘，还不能进场。每天看着那些涨停的股票，就像让他们每天远远地观望着各种美女或者帅哥，却不能上去和他们搭讪，实在心痒难耐。市场中每天都有很多人忍不住上去搭讪的，结果往往走近仔细一看，发现那些美女或者帅哥不是化浓妆就是整过容，甚至偶尔还能遇见"异装癖"或"人妖"！实在是"只可远观而不可亵玩"！最后，发现现实和自己想象中的差距实在太大，只能灰溜溜的"割肉"离场。

然而，对于成熟的交易者来说，耐心地等待交易机会根本不是问题，他们习惯甚至享受等待的过程。他们练就了一双"火眼金睛"，没有交易机会的时候，市场中那些诱人的男男女女在他们眼里都是妖魔鬼怪，最好敬而远之。只有感觉真正的交易机会来临的时候，也就是看到真正的美女或者帅哥出现，他们才会进场交易。这还没完，当他们进场后，稍微发现有一点不对，就会赶紧止损离场。因为，知人知面不知心，市场中形形色色的人太多，哪怕有些外表美若天仙，但也免不了心如毒蝎，不可掉以轻心！

15. 杰西·利弗莫尔："当投资者或者投机者连续经历一段时间的

成功之后，股票市场的种种诱惑就会使他变得麻痹大意，或者野心膨胀。"

所谓"胜不骄，败不馁"，谈何容易。

在市场中经历了一段顺风顺水的人，往往都容易得意忘形。并且在这期间，很容易发生亏损。屡试不爽。

归根结底，这是正常的情绪。别说人，哪怕是狗这种大脑稍微发达一点的动物，也会有这种情绪。主人表扬了它，它会很高兴，摇着尾巴表现出得意；主人批评它，它会很难过，拉耷个脑袋表现出沮丧。

难道做交易的人连正常的情绪都不能有吗？难道交易者就必须高兴的时候憋着，不高兴的时候也憋着，直到憋出"内伤"吗？为了做交易把自己变成了情绪淡漠的"机器"，人生还有什么意义呢？

交易上赚了一笔钱，我们应该高兴；亏了一笔钱，我们应该沮丧。千万不要压抑我们本来该有的情绪，否则心理容易出问题。但是，我们过于高兴或者沮丧的时候，就不要开仓，等情绪过了，恢复平静了，再开始下一段交易。如果把情绪带到交易中，很可能会影响大脑的判断。

心境犹如湖面，只有在平静的时候，才能倒影出外界真实的样子。而情绪就像湖面的波涛，影响我们对外界事物的客观判断。我们高兴的时候，看什么都顺眼，连隔壁邻居大妈都是那么花枝招展；我们沮丧的时候，看什么都绝望，哪怕住在迪拜七星级酒店，也如身在非洲贫民窟。

所以，杰西·利弗莫尔这里所说的，为什么做一段时间成功的交易后，人会麻痹大意或者野心膨胀，就是因为心情太好了！心情太好会影响你对市场客观的判断，看哪只股票都顺眼，感觉都能赚钱，人生充满乐观，似乎整个市场完全掌握在自己手中。

这个时候有经验的交易者很清楚自己的头脑是处于发热状态，自己需要冷静，而不是继续交易。

有一点大家一定要搞清楚，有经验的交易者并是擅于压抑自己情绪的人，他们只是擅于释放自己情绪的人。很多人为了使自己看上去很冷静,就去刻意压抑情绪,这是一种很幼稚行为。久而久之,该笑的时候不会笑,该哭的时候也哭不出来,常规的情绪被打乱,说不定慢慢就会有点"变态"了。

16. 杰西·利弗莫尔:"切记,不要和市场讨价还价,尤其不要斗胆与之对抗。"

很多人总是和市场过不去,和它对着干,和它赌气。

当然,这不是说你不能有脾气。你可以不服气,人类的叛逆精神一直引领着人类发展的进步。但是,必须会挑对象。至少对象要是一个和自己实力差不多的,或者今后能望其项背的。

比如,你小时候体重是50斤,你家隔壁常常欺负你的胖小子体重是100斤,你打不过他,但是你可以努力,你好好吃饭,长得比他高大,就有希望打过他。

但是,如果欺负你的是一头体重5吨重犀牛,你说你气不过,非要和它单挑,发誓此生一定要凭着自己这副肉身打得它叫你爸爸!那么,所有人都会对你表示深切的同情。

面对犀牛的问题,大家都能理智看待,可是为什么面对市场时不能呢?

市场是什么?就是有很多很多钱的地方,钱决定着市场的走势。很多交易者难道不知道自己有几斤几两吗?自己身上那点钱可能在生活中能买辆车买套房,但是在市场中就是个屁!不对,连屁都不是,至少屁还能听个响,这点钱连个响都听不着。那么,凭什么还要和市场对着干?难道只是想证明自己很勇敢?

其实用犀牛比喻市场还不算恰当。如果用资金作为体积与质量单位来衡量,你的钱是一个人,市场的钱至少是一艘航空母舰。

有谁想要单挑一艘航空母舰?请举手告诉大家。

大家做个善事,筹点钱把他送到精神病医院去。

难道市场中失去理智的人就这么多吗?涨跌都由市场说了算,不知道与它斗气有何意义?市场把你气死了,它连句"对不起"都不会给你说,你还指望什么?

如果不能反抗，那就学着顺应。每个人血液中都有"奴性"，面对市场不要怕丢脸，尽管表现出来吧。顺势而为，才是交易盈利的正确打开方式。

17. 杰西·利弗莫尔："不要同时交易太多只股票。同时关注几只股票还可以胜任，同时关注许多只股票只能让你分身乏术，不堪重负。"

对于个人交易者来说，真的是没有必要买很多只股票，那点资金就不要搞什么分散投资了嘛。A股市场目前有三千多只股票，怎么不每只买一手，天天都有涨停和跌停的，多刺激！

人的精力是有限的，除非是闭着眼睛乱买的，否则不可能关照得了很多只股票。家里有孩子的人一定对此深有体会，哪怕生一个孩子和生两个孩子，感觉都会有很大的不同。养两个孩子必然会分心，没法像养一个那么专注。

听说有少数极端一些的交易者，一辈子就跟踪一只股票，也做得还不错。当然，做一只股票确实有点太少，不推荐。一般人根据自己的能力，做三五只股票也不错。

18. 杰西·利弗莫尔："如果你不能从那些活跃的'领头羊'股票上取得利润，也就不能从整个股票市场取得利润。"

杰西·利弗莫尔的交易体系中，一直强调"领头羊"股票。所谓"领头羊"股票，就是在某一个版块中交易量很大，备受关注的股票，也就是我们平时所说的"龙头股"。市场如果要涨的话，这类股票往往比版块中其他股票启动得早，涨幅要大。如果交易者在这类股票中都无法赚钱，那么在其他表现低迷的股票中赚钱的概率就更小了。就像一个打猎的人，连圈养的家猪都打不中，就不要指望打到山中的野猪了。

记住，杰西·利弗莫尔所说的，追随每个版块的那些"领头羊"。

第一节 漫谈语录

19. 杰西·利弗莫尔："你要保持灵活的思维。记住，今天的领头羊不一定是两年后的领头羊。"

这一点比较好理解，时过境迁，谁也不知道以后会发生什么。就像如今某个的风光无限的黑社会大哥，两年以后也不知道会不会变成阶下囚。反正手下那些做"小弟"的，谁是大哥就跟着谁混。做交易也是一样，哪只是版块"龙头股"，就关注它。当初的"龙头股"如今名字前面都被加上了"ST"了，你别还当他是"龙头股"。

自古情深留不住，总是套路得人心。做交易要懂得随机应变，愚忠感动不了套牢你的股票，资本市场也从来不相信眼泪！

20. 杰西·利弗莫尔："面对亏损的仓位时，不能在低位再次加仓以摊平成本。如果一定要使用这种不健全的方法，那么一定要坚持到底。"

前面说过对亏损账户加仓是"愚蠢行为"的 N 次方。但是也是相当多的人选择的一种交易方式。因为，摊平成本的诱惑实在太大，就像"吸毒"一样。成本明明很高，一在低位加仓，成本就往下调了。哪怕知道是自欺欺人，哪怕知道今后会越陷越深，甚至可能万劫不复，但只要注入了这侥幸的"毒品"，也能给心理上带去一时的舒爽。

理论上，这种交易有方式有一种可能成功的方式，就是一直加仓，永远不断摊平成本。比如，某只股票你在 100 元价位买进 100 股，跌到 90 元价位的时候买进 200 股，跌到 80 元价位的时候买进 400 股，跌到 70 元价位的时候，买进 800 股……以此类推。总之，为了摊平成本，每跌一部分价位，加仓要是前面加仓的倍数，否则摊平成本的效果就不理想。

杰西·利弗莫尔在这里让大家坚持，当然不是鼓励大家这样做，而是一种反向的调侃。因为坚持不断加仓的前提是你的资金是无限的，才能一直坚持用摊平成本这招交易。但是，数学拥有初中水平的人都应该知道，哪怕一开始仓位很低，亏损如果一直持续，交易者也一直以倍数不断加仓，没多久这笔资金都将会是一个天文数字。如果运气不好，遇到一波多年难遇的反向大趋势，最后，恐怕是世界首富，都不一定扛得住。

所以，劝那些还在忍不住用这种交易方式，特别是侥幸用这种交易方式解过套的人们：放下平摊，回头是岸！

21. 杰西·利弗莫尔："无论你从市场中赚来的利润是巨款，还是小钱，都要记住：这些钱是你的，不是别人的。只有你谨慎守护它，它才会对你不离不弃。"

有一个普遍现象，很多人从市场中赚到钱后，像是从赌桌上赢来的一样，当成是从天上掉下来的馅饼，不太珍惜，随意挥霍。

这还是赌徒的心理在作怪，没有把交易看成是一项严谨的事业来对待。如果是自己辛辛苦苦打工得来的钱，或者做生意赚来的钱，相信大多数人每花一笔钱的时候，都会稍加考虑。

所以，杰西·利弗莫尔告诉所有的交易者，要守护好从交易中赚来的钱。如果把交易赚来的钱当成自己血汗钱那样对待，并且今后用这些钱做交易都保持谨慎的话，日积月累，钱就会越来越多。

22. 杰西·利弗莫尔："每当把一笔盈利的交易平仓之后，总是取出一半的利润存起来。"

像杰西·利弗莫尔赚过大钱又亏过大钱的交易者，发自内心地懂得：只有真正从市场中取出来存着的钱，才能叫钱！交易账户里面的钱仅仅是数字。

在市场中混饭吃，谁也不能保证自己的交易一辈子顺风顺水，把每次市场"赏赐"的盈利取出一半出来存起来，久而久之，也会累计一大笔财富，应对将来不时之需。这一点是杰西·利弗莫尔人生后期，经历过多次破产以后，才总结出来的价值千金的好习惯，望各位谨记！

23. 杰西·利弗莫尔："谨防一切内幕消息！在交易中，很少有人纯粹通过内幕交易或者他人的建议获利"。

在杰西·利弗莫尔交易生涯中，多次因为听了别人所谓的内幕交易而亏损惨重。所以，他的交易风格一向独来独往，不与别人讨论交易中的事情，有"华尔街独狼"之称。

巴菲特说过："就算美联储主席偷偷告诉我未来二年的货币政策，我也不会改变任何一个投资决定。"

但很多股民爱听消息，这是无法杜绝的事实。因为打听消息是人类的天性，在交通全靠走、通讯全靠吼的原始时代，人类就是从打听消息中获取想要的知识。另一个方面，也并不是这些股民喜欢听消息，稍微在市场中呆的时间长了，很多股民也吃过不少"内幕消息"的亏。但是他们还是依然要关注这些市场的消息面。归根结底，是他们找不到与此之外的其他交易方法。他们没有能力自己独立操作，没有一套成熟有效的交易策略。谁不希望自己有一技之长，不依靠别人生存呢？

现实生活中，我们在接触某个新的行业或者新领域的时候，都希望找个有经验"老师"指导一下。往往一开始"老师"怎么说，我们就怎么做。

但是，很多股民一进入市场就找错了这个"老师"。他们大多数误以为那些电视、广播和网上的"股评"就是很厉害的人。大家要搞清楚，大多数"股评"只是一个养家糊口的职业，和真正的交易高手不是一回事。

"股评"是市场的小报记者，而交易高手是市场的"战士"。股评负责八卦，交易高手负责真枪实弹地"战斗"。

你说谁有资格做股民的"老师"？

但遗憾的是"股评"的口才很好，把无知的股民们忽悠得晕头转向，而交易高手不一定能说会道，很多交易高手平时生活中像杰西·利弗莫尔那样沉默寡言。

交易做得好的人不一定会说，而会说的人也不一定做得好交易。并且，要在现实中找到一个真正的交易高手学习交易，真的很难。但是，大家别忘记，还有自学这条路可以走。

真正想获取优秀的技能，自学是无法避免的。从古至今，自学一直是人类最好的学习方式。因为自学是自己通过主动获取知识而完成自我探索的成长过程，比被动接受别人的传授，更有目的性，也更能养成独立思考的习惯。

杰西·利弗莫尔在1940年离开了这个世界，但是他留下的著作一直指导着后面无数的交易者自学成材，走向交易的正途。假如市场是真实的战场，杰西·利弗莫尔不但是一位市场中的"战士"，他还是胸前挂满勋章，身上布满伤痕的"传奇英雄"！哪怕他不小心在战场中牺牲了，也能埋进烈士陵园，还是每年小学生被组织集体去扫墓的那种级别的烈士陵园。

别说给股民，杰西·利弗莫尔有资格给任何著名的交易大师做老师。而事实也是如此，本杰明·格雷厄姆、沃伦·巴菲特、乔治·索罗斯、彼得·林奇这些如雷贯耳的交易大师等，都曾从杰西·利弗莫尔的书中受益。

拥有一套自己在市场中交易的规则和方法，就能远离一切流言蜚语，哪怕你不能像杰西·利弗莫尔一样成为"华尔街投机之王"，但如果能成为自己村里或者当地某条街的"投机之王"，也是不错的嘛。

作者注：本节引用的关于杰西·利弗莫尔的段落摘自《股票大作手操盘术》。

第二节
何时进场

1. 杰西·利弗莫尔："某人也许能够对某只股票形成某种看法，相信这只股票将要出现一轮显著上涨行情，而且他的看法也是正确的，并且市场后来果然也这样发展了，即便如此，他也可能会亏钱，这是因为他可能把自己的判断过早的付诸行动，他相信自己的看法是正确的，于是立即采取行动。"

如图2-4所示，某人认为这只股票前期经过大幅度的下跌，之后可能有形成一段上涨行情，于是他在A处买入。

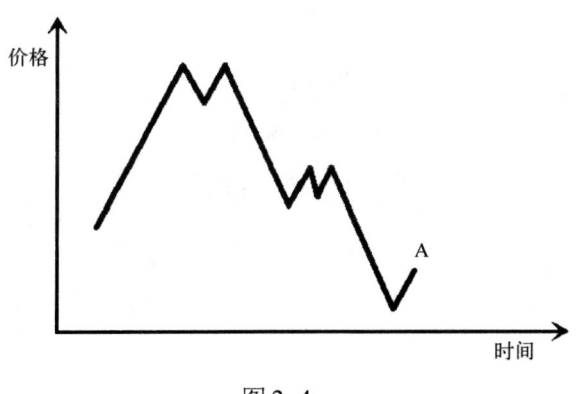

图2-4

2. 杰西·利弗莫尔："然而他刚刚进场买入后，市场就走朝反方向运行，行情陷入胶着，他也越来越疲惫，于是平仓离场。"

如图 2-5 所示，行情没有如期上涨，于是这个人在 B 处平仓离场。

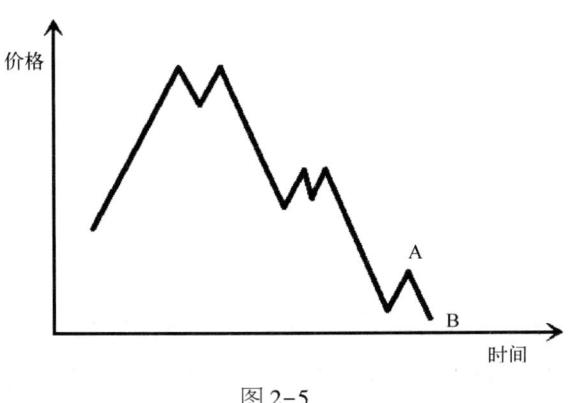

图 2-5

3. 杰西·利弗莫尔："或许过了几天后，行情走势又显得对路了，于是他再次杀入。"

如图 2-6 所示，过了几天，行情看上去又对了，他迫不及待地在 C 处再次买入进场。

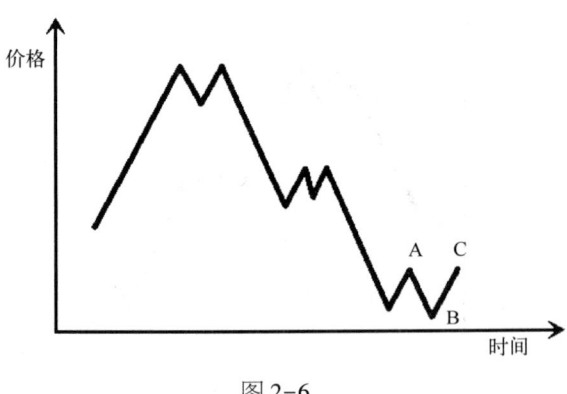

图 2-6

4. 杰西·利弗莫尔："但是一等他入场，市场就再度转向和他相反的方向，这一次他开始怀疑自己原先的看法和判断，又卖出离场。"

第二节 何时进场

如图 2-7 所示,这个人在 C 处买入了这只股票之后,行情又开始转向,他在 D 处再次平仓出场。经过这两次的折腾,他可能会有点开始怀疑人生了。

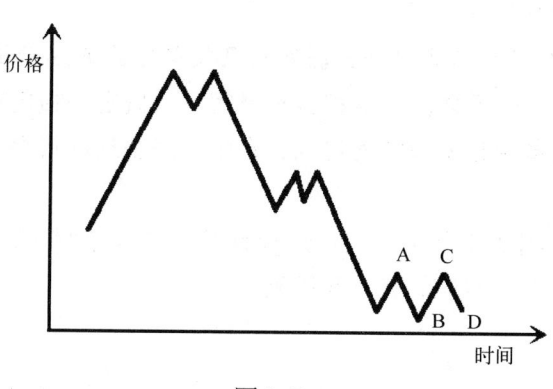

图 2-7

5. 杰西·利弗莫尔:"终于,行情启动了。但是,由于他当初急于进入接连犯了两次错误,这一回反而失去了再次进场的勇气,也有可能他已经买入其他的股票,总之,等到这只股票行情真正启动的时候,他已经失去了机会!"

如图 2-8 所示,待到行情真正启动的时候,由于之前的接连失利,他已经失去了再次进场的勇气。

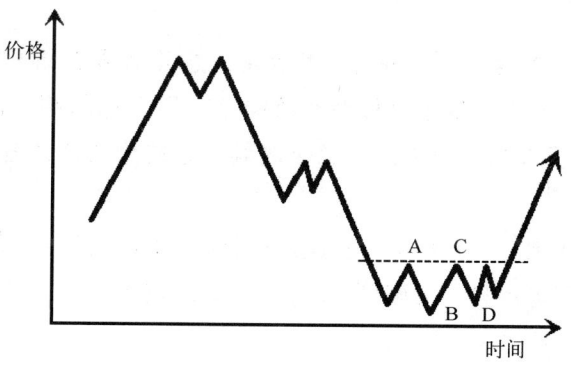

图 2-8

6. 杰西·利弗莫尔："我在这儿想要强调的是，如果您对某只或某些股票有了明确的看法，千万不要迫不及待地一头扎进去。要从市场出发，耐心观察它的或它们的行情的走势，伺机而动，一定要找到基本的判断依据。"

"打个比方来说明，假如某只股票当前的成交价在 25 元，它已经在 22 至 28 元之间维持相当长时间了，假定您相信它会涨到 50 元，这时您可能会迫不及待的买入，害怕会失去这次机会。"

如图 2-9 所示，假设您预计某只股票能涨到 50 元。但是它现在一直在 22 元到 28 元之间徘徊。

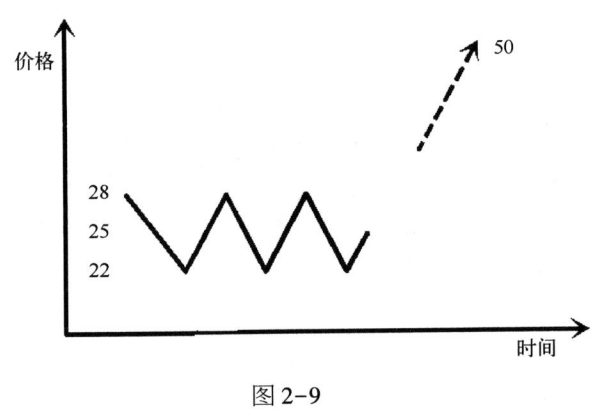

图 2-9

7. 杰西·利弗莫尔："但是，这儿我要告诉您的做法是：且慢，耐心！一定要等这个股票活跃起来，等它创新高，比如说等待它上涨到 30 元左右，只有到了这个时候，您的想法已经被证实。"

如图 2-10 所示，这里是一个典型的"突破法"的思路，等待股票结束震荡走势，突破到 30 元左右买入进场。

下篇 第二节 何时进场

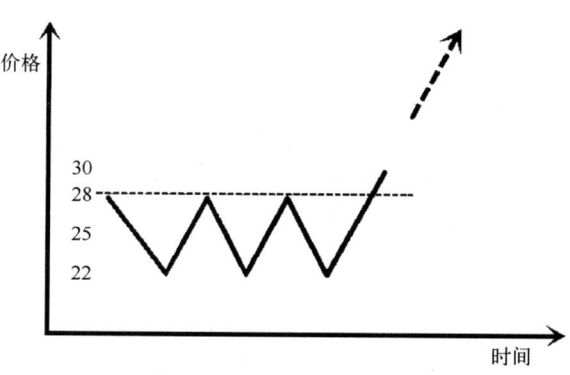

图 2-10

8. 杰西·利弗莫尔："这只股票必定已经进入非常强势的状态，否则根本不可能达到30元的高度。只有当这个股票已经出现了这些走势，您才能判断，这只股票极有可能处在上涨的过程中——行动已经开始。当然您也没有必要自己在25元左右没有买入这只股票而懊悔，如果您真的在这个价位左右买入了，那么结局很有可能是这样的，您等啊等，被折磨得疲惫不堪，早在行情发动之前就已经卖掉它了，正因为您是在较低的价格卖出的，您看到它又上涨到30元左右时，也许会悔恨交加，本来在这只股票的价格上涨到30元右时，您应该买入而错过！"

这里杰西·利弗莫尔说明了用"突破法"买入的原因，只有一只走势强劲的股票，才能摆脱震荡走势的束缚，一冲而上。

大家要知道，在震荡市中被套牢的筹码是很多的，突破就意味着把震荡市中套牢的筹码全部"解救"了，使之全部获利。这需要大笔资金力量的推动。因此，在此时进场买入是相对安全和节约时间的。

如图2-11所示，如果不等到突破就买入，那么你非常可能会在22元到28元这个震荡区间中，由于被磨得失去了耐心而过早出场。而在突破之，又由于失去了勇气而错过一波上涨行情。

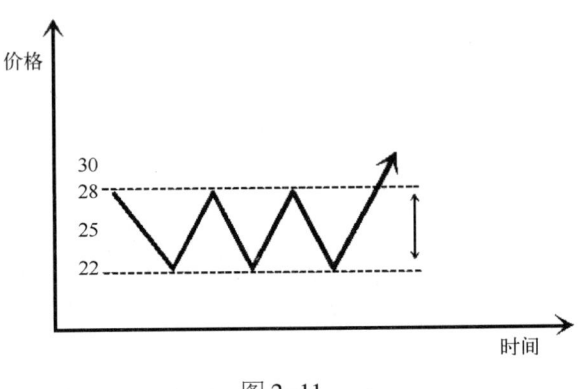

图 2-11

9. 杰西·利弗莫尔："我的交易方法是：当我看到某只股票的上升趋势正在展开后，先等股价出现正常的向下回撤，然后股价再次创出新高时，我就会立即买进。什么道理？我正在选择恰当时机追随这个趋势，我绝对不会在股价向下回撤时而买入。"

如图 2-12 所示，A 点是杰西·利弗莫尔所说的他会立即买入股票的位置。行情突破之后，通过再一次的突破确定行情的展开，相当于是上了"双重保险"。

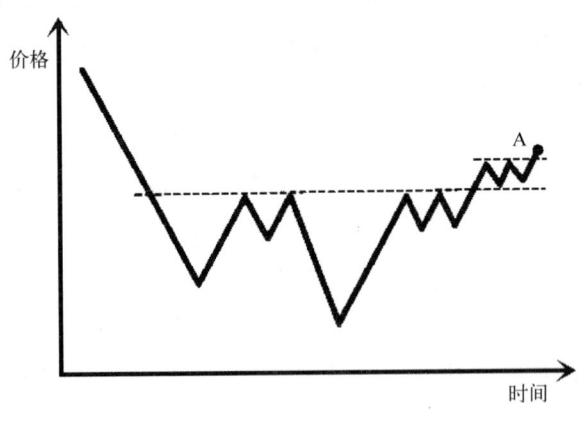

图 2-12

而且，杰西·利弗莫尔强调，他都是在行情突破的时候买入股票，不会在行情回撤的时候买入。也就是说，他一定会在行情走势的

第二节 何时进场

发力突破的时候及时介入,而不是等到发力之后走势衰弱回撤的时候才介入。虽然在价位上,往往突破时价格会高一点,但他不会因为为了去捡这点小便宜,错过突破之后一路上涨的行情。杰西·利弗莫尔知道,并不是所有的走势在突破之后都会回撤的,有的走势在突破之后,就一路头也不回地猛涨而去。

10. 杰西·利弗莫尔:"假定您在30元买进某只股票,第二天,价格下跌到28元,您也许不会担心这只股票明天可能继续下跌到27元或更低价格,您只把当前的走势看成一时的反向调整或者您买入这只股票的理由是些小道消息而看好它,觉得第二天股价肯定还要回到原来的价位。然而,正是在这种时刻,您本来应该忧心。这只股票的股价极有可能会继续下跌,下周可能会跌得更多。这正是您应该害怕的时刻,因为如果当时您没有止损出市,后来可能会承担远远大得多的亏损,此时正是您应当卖出股票来保护自己的时候,以免亏损越滚越大,变成大窟窿。"

如图2-13所示,某人在30元买进一只股票,第二天下跌到28元,他不担心,他以为这只是调整,价格一定马上回到30元的。

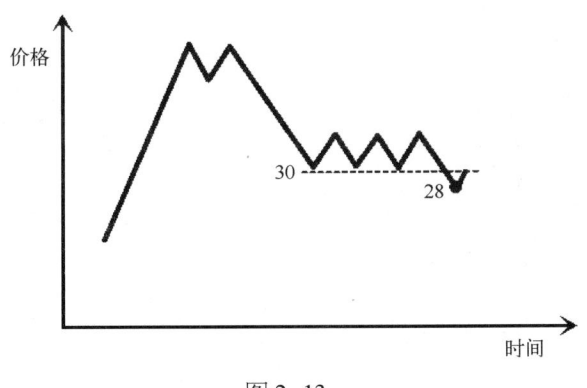

图2-13

然而,这只股票之后的走势很可能如图2-14所示,一路下跌。杰西·利弗莫尔举这个例子是想说,股票买进以后就大跌本来是该害怕的时候，很多人却抱着不放，以各种理由安慰自己这只股票会涨回去的，用"幻想"代替现实，结果可能从此被套，亏损越来越多。

有这种想法的投资者，今天一样普遍存在。就像他说的："华尔街没有新鲜事，今天发生的，过去发生过，将来还会发生，因为人性不会变。"

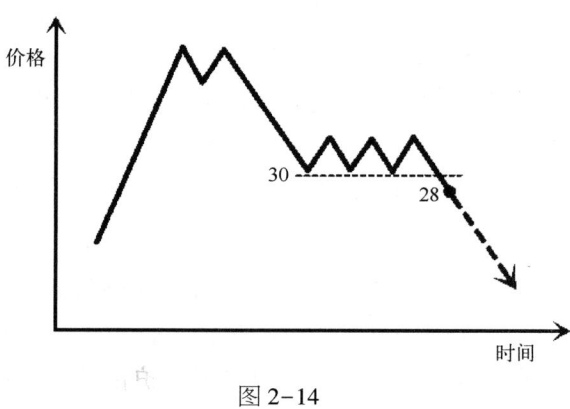

图 2-14

作者注：本节引用的关于杰西·利弗莫尔的段落摘自《股票大作手操盘术》第一章：投机的挑战。

第三节
关键点

1. 杰西·利弗莫尔："无论何时，只要耐心等待市场到达我所说的'关键点'后才动手，就能从交易中获利。为什么？因为在这种情况下，我选择的正是标志行情启动的心理时机。我永远用不着为亏损而焦虑，原因很简单，我恰好在准则发出信号时果断行动，并根据准则发出的信号逐步积累头寸。之后，我唯一要做的就是静观其变，任由市场自动展开行情演变的过程，我知道，只需如此，市场自身就会在合适的时机发出危险信号，让我了结获利。"

"任何时候，只要鼓起勇气和耐心等待这样的信号，我就能循规蹈矩，从不例外。我的经验表明，如果没有在行情开始后不久入市，我就从来不会在这轮行情中获得太大的收益。原因可能是，如果没有及时入市，就会丧失一大段利润储备，而在后来行情演变过程中，直至行情走完，这段利润储备都是勇气和耐心的可靠保障，因此是十分必要的——在行情演变过程中，直至行情结束，市场必定会时不时出现各种各样的小规模回落行情或者小规模回升行情，这段利润储备正是我不为之所动，顺利通过的可靠保障。"

"正如市场在适当时机会向你发出入市信号一样，同样肯定，市场也会向你发出离市信号——只要您有耐心等待。'罗马不是一天建成的'，没有哪个市场重大运动会在一天或一周内一蹴而就。它需要一定的时间才能逐步完成启动、发展、结束的整个过程。"

简单来说，"关键点"是杰西·利弗莫尔在交易中定义的一个至关重要的价位。一般他会耐心等一只股票"关键点"的来临，以"关键点"

作为参照点来决定下一步的交易行动。之后杰西·利弗莫尔也举例告诉了大家他所谓的"关键点"的具体情况。

2. 杰西·利弗莫尔："举个例子。假定某只股票已经在下降趋势中运行了相当长的时间，股价跌至到 40 元的低位。随后，股价形成一轮快速的回升行情，几天之内便上涨到 45 元。接下来，股价回落，几周时间之内始终在几元的范围内横向波动。此后，它又开始延续前一段上涨行情，直至 49.5 元的高度。随后股价的走势又变得很沉闷，几天之内都不活跃。终于有一天它再度活跃起来，起先下跌了 3 到 4 元，后来继续下滑，直到接近其关键点 40 元的某个价位为止。"

以此段描述，我们大致得到这样一幅走势图，如图 2-15 所示。

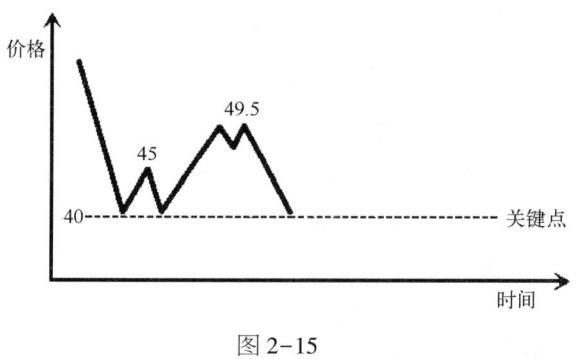

图 2-15

3. 杰西·利弗莫尔："正是此时此地，您需要特别小心观察股价的走势，因为如果确定股价要恢复原有的下降趋势，就应当首先下跌到比"关键点"40 元低 3 到 4 元的价位，然后才能形成另一轮明显回升行情。如果股价未能向下跌破 40 元，这就是一个信号，一旦股价从当前向下回撤的低点开始上涨 3 元，就应该买进。如果股价虽然向下跌穿了 40 元，但是跌下去的幅度没有在 3 元左右，那么一旦股价上涨至 43 元，也应该买进。"

"如果出现上述两种情形中的任何一种，您就会发现，在绝大多数情况下，都标志着一轮新趋势的开启，如果股价以明确方式来验证

第三节　关键点

新趋势的诞生，就会持续上涨，一直上升到另一个关键点49.5元以上——而且比这个关键点高出3元或更多。"

这里稍微有点复杂，杰西·利弗莫尔在此说明了两种入场的情况。

第一种情况，如图2-16所示。价格没有跌破"关键点"40元，在40元这里上涨了3元左右买入。注意，这里运用的不是"突破法"，杰西·利弗莫尔也没有特别说明在此处买入的原因。但是从图中不难发现，40元这个价位按照现在的话说算是一个"支撑位"，杰西·利弗莫尔以此"支撑位"向上涨3元作为试仓点买入部分股票。

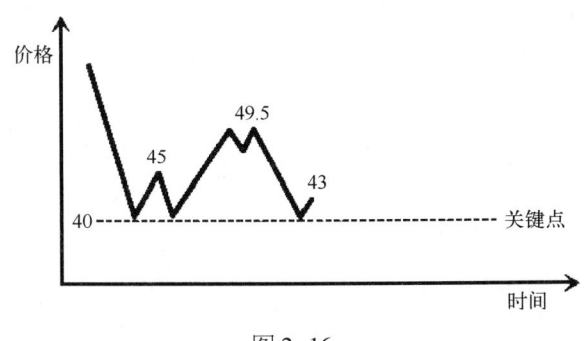

图2-16

这里顺便说一下杰西·利弗莫尔建仓习惯。

杰西·利弗莫尔看中每只股票，他往往会以预计买入这只股票资金的20%试仓，之后如果行情一直顺利发展，他会加仓三次，分别是20%、20%和40%。也就是说，如果杰西·利弗莫尔开始预计想买进某只股票1000股，他第一次试仓是买进这只股票的200股，随着行情的顺利发展，他会分三次加仓分别买入200股、200股和400股，完成1000股全部减仓。

当然，他不是每次都会分四次买入，也可能是两次或者五次。但他绝不会像很多投资者那样一次性全仓买入，这样对他来说风险太大。因为一开始用少量仓位试仓，就算不顺利，止损之后，他的总资产也只是受到很小的损失。别忘记，他是追随大趋势的交易者，一旦抓住一波大的行情，他这种不断验证走势之后再加仓的方法，不仅安全，还能赚到大钱。如果是全仓买入，很可能几次止损，就会让他资金损失较大,之后就算抓住一波大趋势,底金的匮乏,也会使他少赚很多利润。

对于我们普通交易者来说,加仓的问题可以根据个人情况而定。因为普通交易者没有杰西·利弗莫尔这么大的资金量。但如果是全仓买入,止损一定要小,执行要坚决。这里还是建议大家还是至少分两次买入。有一次试仓的话,每次止损出来不至于太心疼,执行上也比较容易。很多被套的投资者,就是因为一开始仓位太重,到该止损的时候,发现自己舍不得,下不了手,怀着侥幸的心理,最后拖成了大亏损。

所以,杰西·利弗莫尔在此"支撑位"买入,作为试仓,也没有什么问题。如果后期不顺利,他止损就是了。他是专业的交易者,止损对他来说和吃饭睡觉一样,再稀松平常不过。

第二种情况,如图 2-17 所示。股票价格跌穿了 40 元的"关键点",但下跌幅度只是在 3 到 4 元左右,也就是没有超过 37 到 36 元,如果之后股价能再次上涨至 43 元,也是一个买入点(图 2-17 中 A 处)。这次的这个买入点,就属于"突破法"了。

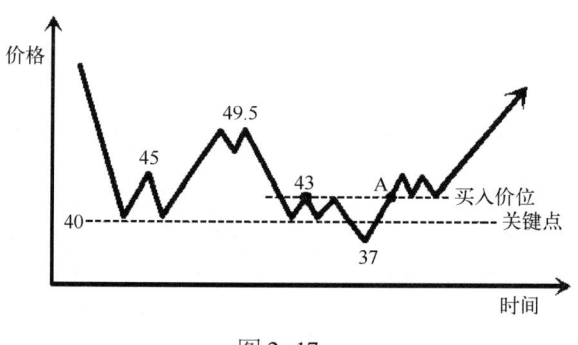

图 2-17

当然,如果跌破了"关键点"40 元,并且跌幅超过了 3 到 4 元,也就是跌到 37 到 36 元附近没有止住,如图 2-18 所示。那杰西·利弗莫尔就把这段走势认定为下跌趋势会继续延续。当然,这也是一种向下的突破,在可双向多空交易的市场,可以视为一个很好空单建仓点。另外,如果你之前没搞懂为什么 40 元被杰西·利弗莫尔设置为"关键

第三节 关键点

点",那从向下突破之后延续下跌趋势的这个角度来,就会很容易看出来原因了,如图 2-18 所示。

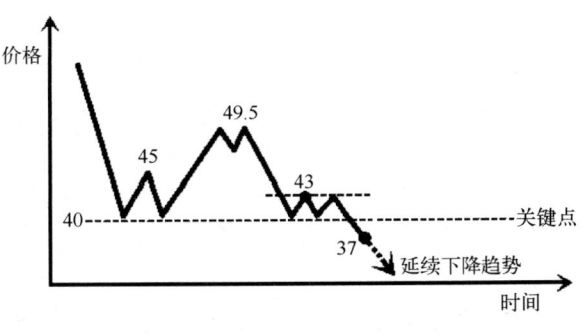

图 2-18

通过这段描述,大家不难发现,杰西·利弗莫尔习惯于在"关键点"附近以 3 元作为衡量的标准的,感觉有点让人费解。这里要特别说明一下,由于杰西·利弗莫尔当时交易的杠杆规则,例子中的 1 元其实是一个点,也就是今天说的 1%。所以,其实杰西·利弗莫尔的本意是以"关键点"附近 3% 左右作为验证的标准。因此,在 40 元为"关键点"的前提下,他才会以 43 元左右作为买入价位,以跌破 37 元左右作为下跌趋势的延续。这一点拿到今天同样适用。当然,这个验证行情的标准也可以根据个人习惯和交易标的的情况而定,比如可以是 2% 或者 5% 等等,也可是以 1 个价格单位或者 10 个价格单位等。总之,给行情一点空间发展,不要操之过急地入场,是相当必要的。

作者注:本节关于引用的杰西·利弗莫尔的段落摘自《股票大作手操盘术》第五章:关键点。

第四节
犯　错

1. 杰西·利弗莫尔："太多的投机者凭一时的冲动买进或卖出，几乎把所有的头寸都堆积在同一个价位上，而不是拉开战线，这种做法是错误而危险的。"

"假定您想买进某只股票 500 股，第一笔先买进 100 股。然后股价上涨了，再买进第二笔 100 股，依此类推。后续买进的每一笔必然处在比前一笔更高的价位上。就我所知，如果遵循这一准则，比采取任何其他方法都更能接近市场正确的一边。

"原因就在于，按照这样的模式，所有的交易自始至终都是盈利的。您的头寸的确向您显示利润，这一事实就是证明您正确的有力证据。"

上一节具体介绍过杰西·利弗莫尔的分步建仓方式，这里就不重复了。以做多为例，杰西·利弗莫尔加仓原则是后一笔必然比前一笔价格更高。绝不是越跌越买，摊平成本的"败家子买入法"。因为只有价位递增并且持续取得盈利的加仓方式，才能证明自己正处于一个健康的上升趋势中。在上升趋势中，每一次向上的突破都是杰西·利弗莫尔认为很好的多单加仓点，如图 2-19 所示。

反之，在下降升趋势中，每一次向下的突破都是杰西·利弗莫尔认为很好的空单加仓点，如图 2-20 所示。

第四节 犯 错

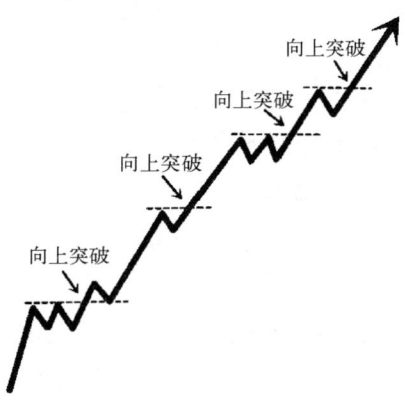

图 2-19

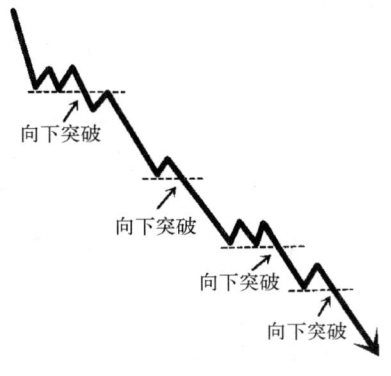

图 2-20

　　在这里，慎重地提醒广大投资者，炒股切记规避下降趋势，不要自作聪明地冒险去博什么小反弹！别以为自己是什么操作高手，要玩点什么"杂技"，变点什么"小魔术"。万一不小心玩砸了，丢人都是小事，亏的可是自己的血汗钱。保护资金，尊重趋势。只有莽夫才会为眼前的一点小小的利润，去冒逆势的巨大风险。

　　2. 杰西·利弗莫尔："第一步，您需要估计某只股票未来行情的大小。"

　　"第二步，您要确定在什么价位入市，这是重要的一步。观察图表记录,仔细研究过去几个星期股价的运动。事前您已经认定,如果您选择的股票果真要开始这轮运动,则它应当到达某个点位;当它果真到达这个点位时,正是您投入的第一笔头寸的时刻。"

"建立第一笔头寸后,您要明确决定在万一判断错误的情况下,自己愿意承担多大的风险。"

"如果根据我介绍的理论行事,也许会有一两次您的交易是亏损的。"

"但是如果您坚持一贯,只要股价到达您认定的关键点就不放弃再次入市,那么一旦真正的股价上涨行情启动,您就势必已经在场内了。简而言之,您已经抓住了这次机会。"

"然而,谨慎选择时机是绝对必要的,操作过急则代价惨重。"

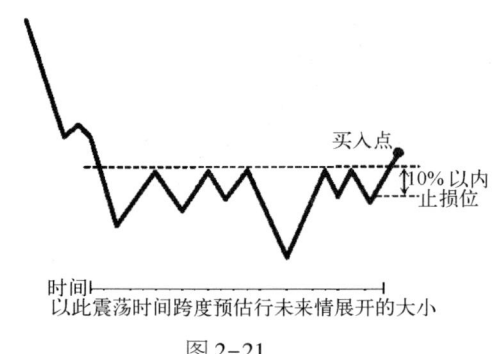

图 2-21

根据以上杰西·利弗莫尔的阐述,如图 2-21 所示。关于这段文字中的第一步,杰西·利弗莫尔并没有详细的说明。如何估计一只股票的上涨潜力?经过笔者的分析一般有两种常见的方法:

一种是以它收集筹码时间的长度作为有可能上涨的高度,股市中有句俗话叫"影有多长,树有多高",说的就是这种情况,图中已经标明。

另外一种方法,就是看这只股票前期重要压力位在哪里,心里要有个数,假设遇到重要的压力位它涨不过去就该暂时离场。

总体来说,这些都是预估,是主观想象。最后还是以客观的市场

下篇 第四节 犯错

走势为准，趋势到哪里我们就跟到哪里，这才是最能体现顺势而为交易思想的操作方法。

再有，就是找到突破点，然后建第一笔仓，这点结合前面说的就比较好理解。

注意，之后杰西·利弗莫尔说了，他的这种方法，不是每都能次成功，也会时常遇到亏损。很多新手认为"突破法"成功率很高，但现实却不是，任何市场都充满的假突破。所以，杰西·利弗莫尔让每个交易者必须在入场前就设定好止损，看看自己能承受多大的亏损。前面介绍过，杰西·利弗莫尔自己的止损一般设置为投入资金量的10%以内。

虽然说成功率不是这套操盘技术的优势，但这套操盘技术的好处是，坚持使用就总会抓到大的行情！而且只要每次注意仓位的分配和止损，把亏损限制到比较小的范围，它就是一种成熟的"以小博大"的交易方法，容错率很高，使交易者能相对稳定的盈利。所以，它才能经久不衰，被后人普及沿用至今。

最后，在文中杰西·利弗莫尔再次提到了谨慎选择入场时机的重要性。因为后面他就会说到一个自己因为没有足够的耐心和控制好自己的情绪，在行情突破之前就多次尝试入场，结果不仅导致了他反复多次止损，还使他失去了一次赚得百万美元的惨痛经历。

3. 杰西·利弗莫尔："多年以前，我曾经对棉花强烈看涨，并已经形成了明确的看法，认为它将出现一轮很大的涨势。我一得出结论，当即一头扑进棉花市场。可是，此时的市场尚未准备好。"

"我最初的头寸是2万包，以市价买进。这笔指令把原本呆滞的市场刺激得上升了15个点，后来市场开始下滑，一天之内价格又回落到原来的位置。然后，市场沉睡了许多天。最后，我烦透了，全部卖出。"

"在此之后的六周内，这种代价高昂的操作方式我竟重复了五次。每个来回的损失都在2.5万美元至3万美元之间。我变得厌恶起自己来，一点成就感也没有尝到。于是，下令扔掉棉花行情报价机。这件事情实在令人郁闷，然而在投机领域，无论何时都应有一个清醒的头脑，这种情绪显然于事无补。"

"那么，到底出了什么事呢？就在我对棉花市场完全失去兴趣的两天后，市场开始了上涨，并且上涨过程一直延续下去，涨幅高达500点，中途仅仅出现过一次向下回落过程，幅度为40个点。"

"就这样，我失去了有史以来自己判断出的最具有吸引力，基础最牢靠的交易机会之一。"

依据以上杰西·利弗莫尔对他这次棉花交易的描述，如图2-22所示。杰西·利弗莫尔一开始对棉花强烈看涨，于是在A处大量买入，导致棉花价格上升到B处。但之后由于市场的低迷，他在C处的价位全部平仓。随后的六周内，在震荡的行情中，他这样的操作反复了5次。

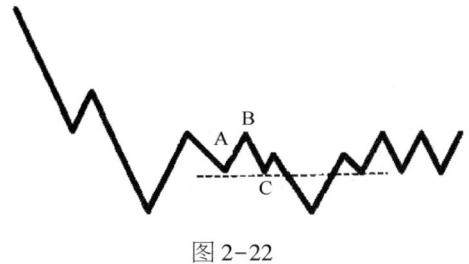

图2-22

此后，在杰西·利弗莫尔对棉花市场恼怒不已，决定不再做棉花交易。两天后，棉花市场却突破震荡市，开始疯涨。这次的涨幅高达500点，中间只在D处做了一个40点的小小回调，如图2-23所示。

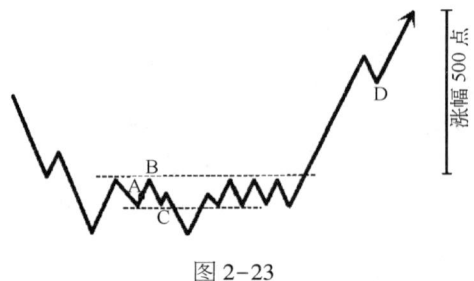

图2-23

作者注：本节关于引用的杰西·利弗莫尔的段落摘自《股票大作手操盘术》第六章：100万美元的大错。

第五节
大　赚

杰西·利弗莫尔："1942年夏，小麦已经到达我所说的关键点，因此我入市买进，买进后，小麦的价格进入震荡走势，并持续了数天，但是这期间从没有跌到关键点之下，后来，小麦价格再度上升，并且达到了比前一波高点高几美分的价位。"

"从这个高点开始，出现了一个自然的回撤，有几天小麦的价格再度进入震荡走势，最后，上涨的进程又开始恢复。一旦小麦的价格向上穿越下一个关键点，我就会发出指令再次买入，成交的价格要比关键点高出1美分，在我看来，这一点清楚地表明，小麦的价格正为进入强势上升状态做好准备。因为这次买入的头寸比第一笔的过程要困难得多了。"

"接下来的一天，小麦的价格没有像刚刚突破第一次关键点那样向下回撤，而是上涨了3美分，如果我对小麦价格走势分析是正确的话，这正是它应该有的走势。从此之后，小麦的价格开始了一轮真正的上涨行情。据我估计，它将要持续好几个月的时间。"

"无论如何，我还没有百分之百地认识到当前行情的全部潜力。后来，当我有了不错的盈利后，便清仓套现了——坐在一旁，眼睁睁地看着它在几天之内继续上涨了20多美分。"

"此时此刻，我认识到自己已经铸成大错。为什么我要害怕失去那些我从来没有真正拥有过的东西呢？我太急于求成了，太急于将利润落袋为安了，本应更耐心一点，鼓起勇气把头寸持有到底。我知道，一旦时机成熟，市场到达某个关键点，就会向我发出危险的信号，并给我留下充裕时间离场。"

"于是，我决定再度入市，重新买进的价位大约比第一次卖出的价位高了 25 美分，不过现在我投入的头寸，只相当于我第一次卖出的一半。还好，从此以后，我就一直持有这笔头寸，直到市场发出危险信号才罢手。这次交易最终的结果是净盈利 300 万美元以上。"

由于这次的交易的时间相对漫长，我们言而简之，直接看图说话。如图 2-24 所示。1924 年夏，杰西·利弗莫尔在图中关键点突破（A 处）建仓做多小麦，并且后市被再次突破之后（B 处）加仓，直到 C 处全部平仓套现。

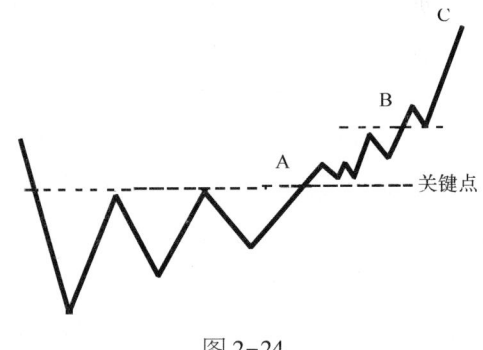

图 2-24

如图 2-25 所示，平仓后之后的杰西·利弗莫尔眼睁睁地看着小麦一路涨到了 D 处。他发觉自己之前犯了一个错误，由于目光短浅，过早地"下车"，没有耐心持有到趋势结束。正所谓"要想飞得高，就该把地平线忘掉。"于是，杰西·利弗莫尔鼓起勇气，重新等待下一个关键点的突破（E 处）再次买入进场。

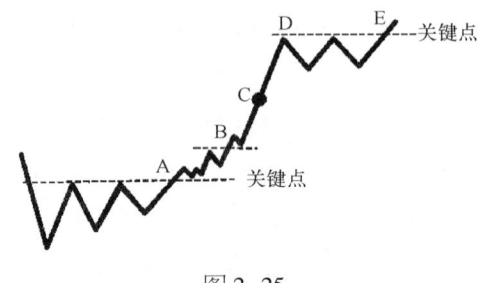

图 2-25

第五节 大　赚

如图 2-26 所示，这一次杰西·利弗莫尔没有急于出场，一直持有到市场发出危险信号，在小麦价格跌破 F 处才全部平仓了结。此次小麦的交易，杰西·利弗莫尔总共从市场中赚取 300 万美元的利润。

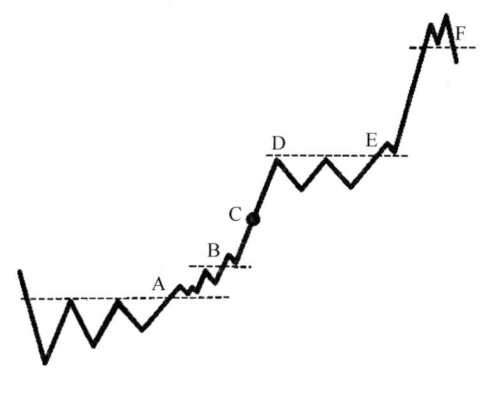

图 2-26

这里有一点要值得大家注意，杰西·利弗莫尔能一直持有，没有提前"下车"的一个原因是，这次的仓位只有第一次交易时候的一半。

做交易的时候，仓位对心态的影响很大。第一次杰西·利弗莫尔提前出场也许就是因为他仓位过重。

市场中大多数人仓位一重就会紧张，感到压力巨大，甚至有的晚上都睡不着觉。行情中产生一点亏损，哪怕还没有到原定计划中的止损位，就屁股坐不住想离场；而同样的，有了点浮盈，也恨不得马上平仓了结，落袋为安。

在交易中，像这样无法按照原定计划跟随趋势耐心持有头寸，博取更大利润的交易者，比比皆是。

往往这样的交易者就是，技术他们都懂，但还是做不好交易。

遇到这种情况，最好的办法就是降低仓位，对交易心态进行调节和安抚，直到能安心按照交易计划持有头寸为止。

特别是在有杠杆的市场，有多少倍杠杆就等于承受多少倍压力。

仓位一般不能做满，半仓就已经属于很高的仓位了。

作者注：本节关于引用的杰西·利弗莫尔的段落摘自《股票大作手操盘术》第七章：300万美元的盈利。

第六节
手　稿

在《股票大作手操盘术》这本书的最后，附有一套杰西·利弗莫尔的交易手稿。这是杰西·利弗莫尔自创的一种股票价格的记录方式。对于今天的人来说，这种记录方式操作起来都比较繁琐，也有很多人完全看不懂。

说实话，杰西·利弗莫尔之所以用这种方式记录价格，是因为他的交易方法是寻找"关键点"，并且要密切关注突破"关键点"的时机。所以，细致的股票价格记录对于杰西·利弗莫尔来说相当重要。而当时的股票报价只能通过纸带那种原始的方式传达，不像现在打开电脑或者手机就能很直观地看到某只股票的历史走势图。也许现在除了他的疯狂"追随者"以外，相信几乎没有人再用杰西·利弗莫尔这套记录方式做交易了。

因此，大家就算看不懂也不用急。

在杰西·利弗莫尔的这套手稿中，主要是记录了他对"美国钢铁"和"伯利恒钢铁"两只股票从1938年4月2日到1940年2月19日，将近两年时间的走势和交易记录。

因为两只股票都是钢铁类股票，所以走势上也大同小异。但由于"伯利恒钢铁"这只股票如今已经不再存在，当时的历史走势图无从可寻。因此，最后就把杰西·利弗莫尔当初这套手稿中的"美国钢铁"股票的历史走势和杰西·利弗莫尔对其的交易记录做了一个大致的"翻译"，用通俗易懂的图表展现给大家。

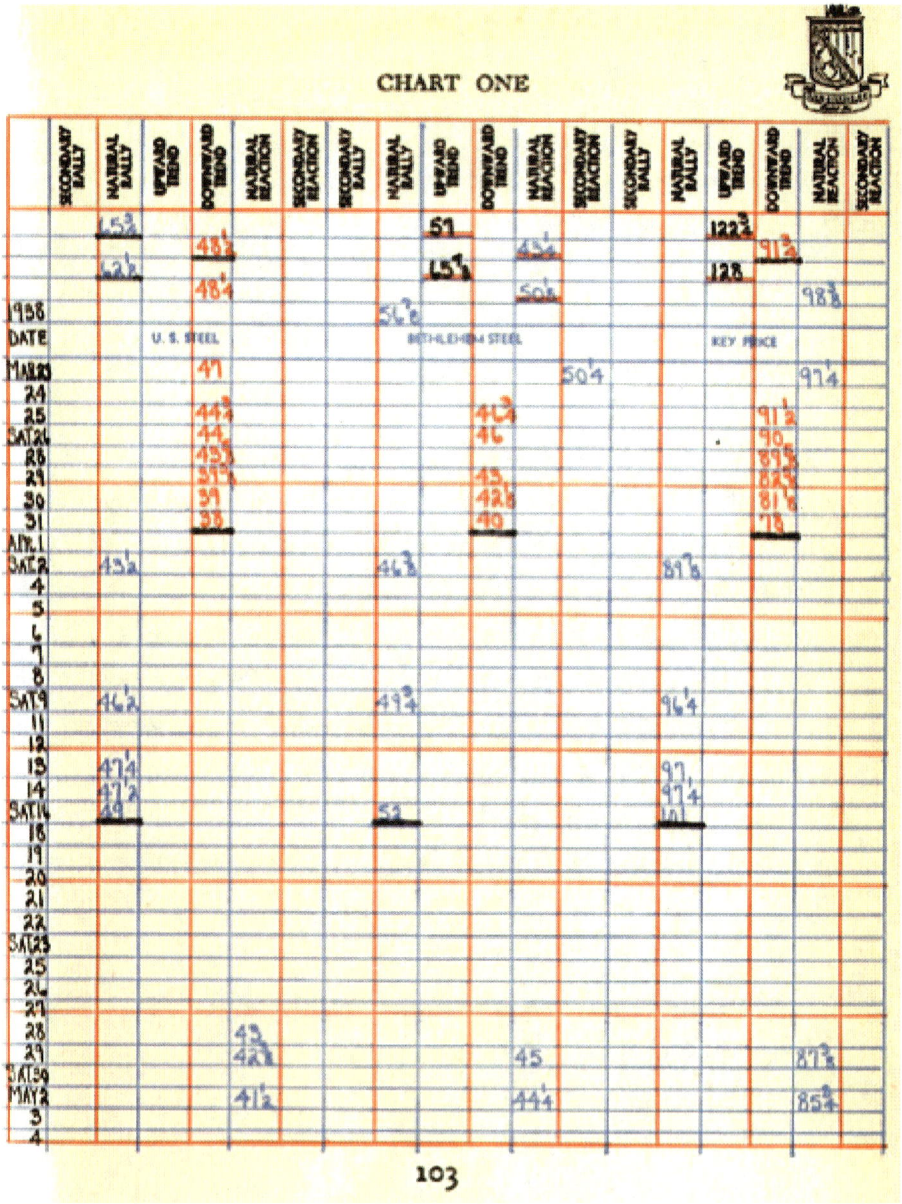

图片资料：《How to Trade in Stocks》（股票大作手操盘术）的最后部分附有一套 16 页的杰西·利弗莫尔本人的股票价格记录手稿。图片中是此书 1940 年发行的首版的手稿部分的第一页。

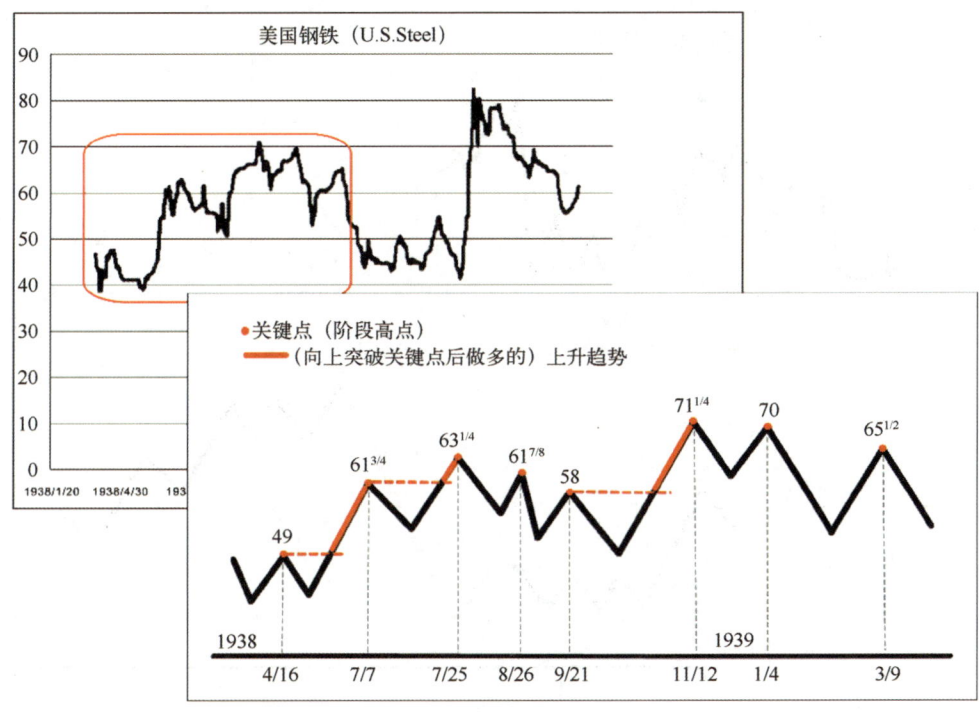

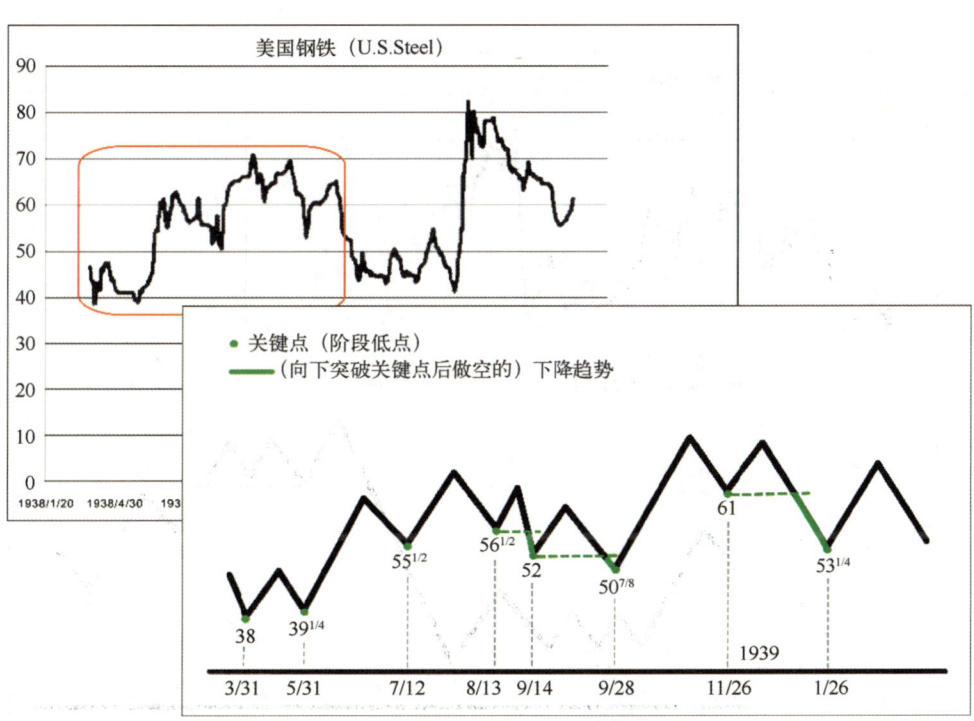

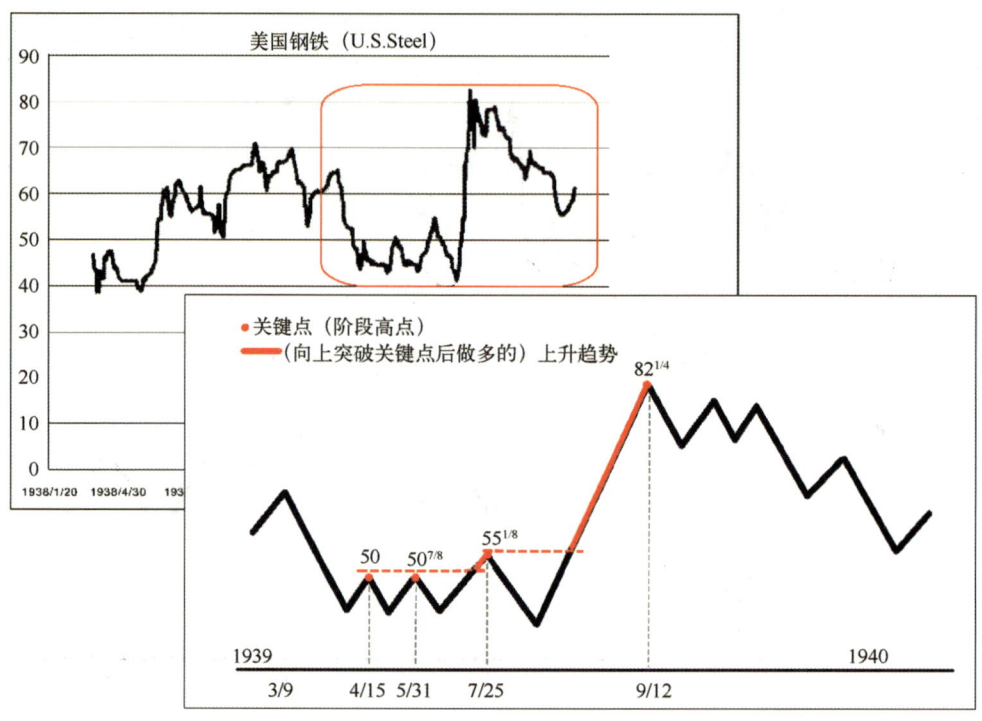
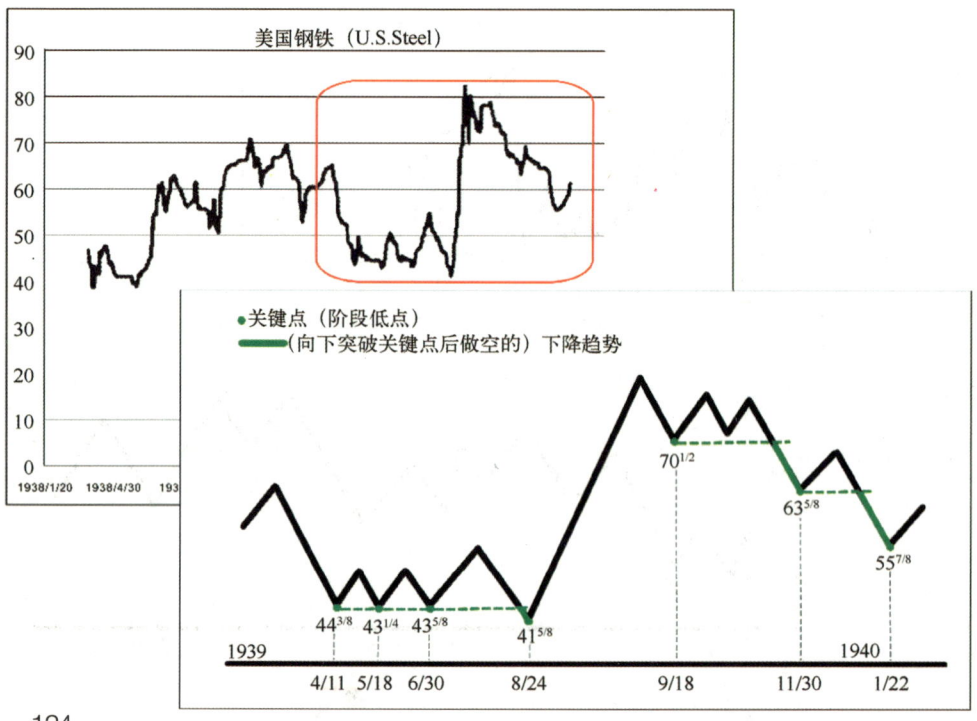